Die Lehren des Buddha

Die Lehren des Buddha

Die Weisheit des Dharma – vom Pali-Kanon bis zu den Sutras

Desmond Biddulph
und Darcy Flynn

Fotografien von
John Cleare

Librero

Die Originalausgabe erschien 2007 unter dem Titel: *Teachings of the Buddha*

Postbus 72, 5330 AB Kerkdriel, Niederlande

Redaktion: Christopher Westhorp
Layout: Clare Thorpe
Bildredaktion: Julia Brown

Produktion der deutschsprachigen Ausgabe:
Tanja Timmerman vertaling & redactie
Übersetzung: Katrin Schmidt
Satz: Studio Spade

Printed in China

ISBN: 978-90-8998-570-5

Anmerkungen:
Die benutzte Terminologie ist größtenteils in Sanskrit (S.). Mitunter wurde – wenn es angebracht erschien – die Pali-Form (P.) hinzugefügt.

Im Buch verwendete Abkürzungen:
u. Z. – unserer Zeitrechnung (entspricht n. Chr.)
v. u. Z. – vor unserer Zeitrechnung (entspricht v. Chr.)
geb. – geboren
gest. – gestorben
Reg. – Regierungszeit

Inhalt

Einführung

Weltweit gibt es etwa 350 Millionen Buddhisten. Damit ist der Buddhismus die viertgrößte Religion der Welt. Eine Zeitlang wurde er eher als Philosophie zum Lesen und Nachdenken angesehen denn als eine Religion, die man praktiziert. Doch so wie die Christen den Lehren Jesu folgen, einem Mann, der vor 2 000 Jahren lebte, folgen die Anhänger des Buddhismus den Spuren ihres Weisen. Als Prinz Siddhartha Gautama wurde er vor über 2 500 Jahren in den Ausläufern des mächtigen Himalajas geboren. Diese reichen von den sengenden Ebenen Indiens über das heutige Nepal bis hin zum tibetischen Hochland, dem „Dach der Welt".

Der Buddha, als der Siddhartha später bekannt werden sollte, entwickelte seine Lehren und Praktiken aufgrund der beunruhigenden Beobachtungen, die er hinsichtlich der dahinfließenden Natur seines Lebens machte. Die Einsicht, in der diese gipfelten, ließ alle seine Zweifel und Angst verschwinden. Sie war so tief und stark, dass der Buddha sie allen Interessierten zeigen wollte: durch seine Anwesenheit, sein Verhalten und die Formulierung und klare Darstellung

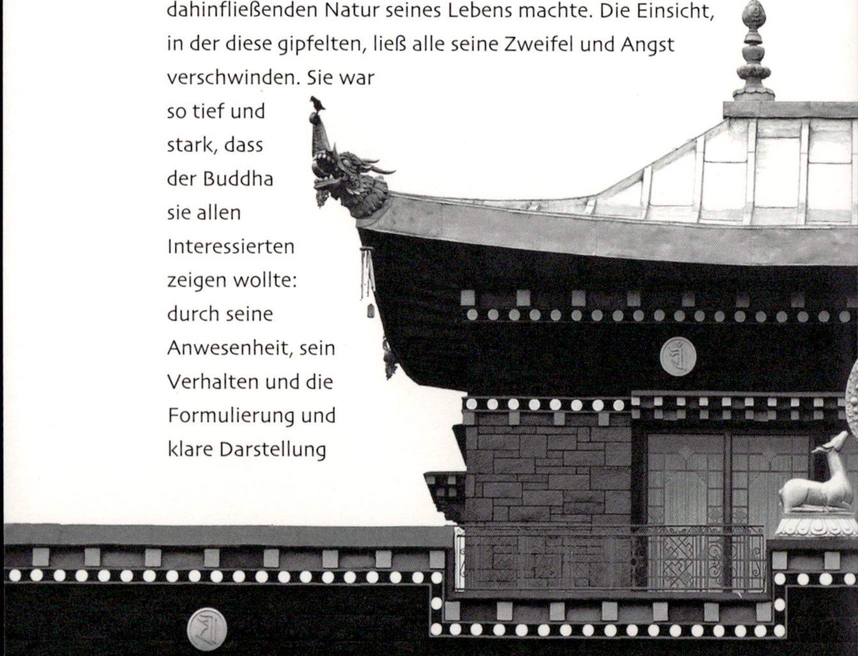

dessen, was später als „Pfad" oder „Weg" bekannt werden sollte.

Viel von dem, was der Buddha sagte und tat, findet sich in den Schriften, die unter seinen Anhängern von Generation zu Generation weitergereicht wurden. Diese wurden zunächst – durch regelmäßiges Rezitieren und Einprägen der Worte des Buddha durch die Mönche – mündlich überliefert. Später begann man dann, sie auf Palmblätter niederzuschreiben, anschließend zu drucken und heute sind sie sogar elektronisch verfügbar.

Richtung „Ganzheit"

Die Lehren des Buddha und ihr historisches Fundament sind für einen Buddhisten lange nicht so bedeutend wie die – auf der Offenbarung basierenden – Schriften der monotheistischen abrahamitischen Religionen. Die Gründe hierfür müssen gut verstanden werden, nur so entkommt man der falschen Auffassung, die Lehren seien die Wahrheit. Stattdessen sind sie eher als Karte oder Leitfaden gedacht, mit dem die Menschen selbst zur Ganzheit gelangen können. Sie sind sowohl eine Anleitung des „Wie" als auch eine Beschreibung der Zeichen und Schilder auf dem Weg zur Freiheit und Emanzipation: sie bieten eine Methode.

Wenn du wissen willst, wie Meerwasser schmeckt, und auf einer Insel lebst, dann mach dich zur Küste auf und gehe immer weiter. Bei Erreichen des Meeresufers musst du dich nur bücken, den Finger ins Wasser tauchen und du wirst wissen, wie alle sieben Meere schmecken. So ist es auch mit der Freiheit, sie schmeckt immer gleich.

RINZAI ZEN-MEISTER HAKUIN (1685–1768)

So wundervoll diese Beschreibung auch ist: Um den ersten Schritt zu tun, brauchen die Menschen eine Inspiration. Und auch wenn man bereits unterwegs ist, kann man sich leicht verlaufen oder aufgeben. Benutzt man vor dem Start einer langen Reise einen Routenplaner, muss man außerdem wissen, wo diese beginnt. Orientierung ist also in den Lehren des Buddha ebenfalls ein wichtiger Aspekt.

Von der Erfahrung zur Einsicht

Der Buddha beginnt bei der inneren Erfahrungswelt und weicht nie wirklich von dieser ab. Da die Menschen jedoch – an Ort und Zeit gebundene – Körper haben, spiegeln die *sutras* (*suttas*, P.) auch die kulturelle Landschaft der Zeit wider, in der der Buddha lebte. Diese rein lokale Einrahmung muss jedoch klar von den universellen Elementen menschlicher Erfahrung getrennt werden. Zu Zeiten des Buddha waren beispielsweise die vedischen Traditionen allgemein verbreitet: der Glaube an einen göttlichen Schöpfer, eine Kosmologie aus Göttern und Himmeln, die Durchführung von Opfern und Riten durch eine Priesterkaste, die als Mittler zwischen Menschen und Göttern fungierte, und die Idee der Wiedergeburt. Diese Überzeugungen, mit denen der Buddha aufwuchs, zeigen sich in einem der frühesten religiösen Texte der Geschichte:

> Der in seiner Größe sogar die Gewässer überschaute,
> die den Daksa empfingen und das Opfer erzeugten,
> welcher der alleinige Gott über den Göttern war. –
> Wer ist der Gott, dem wir mit Opfern dienen sollen?
>
> DER RIGVEDA

Reinkarnation gilt fälschlicherweise als die zentrale Idee des Buddhismus, doch der Weg des Buddha beschäftigt sich mit unserem Leben in *diesem* Körper, in *diesem* Leben. „Wiedergeburt" bedeutet daher nicht Reinkarnation als Ameise oder Gott, sondern die Angst vor einem Leben als unendlichem Leidenszyklus ohne die Möglichkeit auf Veränderung.

Die Idee der Lehre als pures, lebensspendendes Wasser ist beim Buddha bereits in der Einsicht seiner Erleuchtung enthalten. „Einsicht" trifft es vielleicht nicht ganz, noch tut dies „lebensverändernde Erfahrung". Siddhartha war nun kein suchender Prinz mehr und wurde stattdessen zu einem bereits Angekommenem: einem *buddha* (von *bodhi*, „erwachen", der Buddha ist daher „der Erwachte"), der die Antworten auf seine Fragen gefunden hatte. In Pali und Sanskrit wird er Tathāgata, „der so Gekommene" genannt.

Die Erleuchtung oder das Nirwana (*nibbana*, P.) von Siddhartha Gautama liegt jenseits des in Worte Fassbaren, so wie man einen Akkord besser anhört, als darüber diskutiert. Das Nirwana kann von allen Menschen erreicht werden, der historische Buddha hinterließ eine Karte, damit ihm andere folgen können. Alle, die an seinen Lehren festhalten, bekommen einen Vorgeschmack auf die Freiheit, können einen flüchtigen Blick auf eine andere Art zu leben werfen – frei von den Sorgen und Ängsten, mit denen wir uns sonst belasten. So wie das Salzwasser können wir auch die Einsicht des Buddha schmecken. Das vollständige Eintauchen darin ist zwar etwas gänzlich anderes und bedarf eines größeren Grades an Hingabe, ist aber auch möglich.

Einen alten Pfad wiederentdecken

Der Buddha verbrachte sein Leben damit, anderen zu zeigen, wie sie sich von ihren Leiden befreien können, so wie er es getan hatte. Er half vielen dabei, die Natur des Leidens und den Weg daraus zu verstehen. Unter den ersten Schülern befanden sich Könige, Prinzen, Adlige, Brahmanen, viele heilige Männer, Kaufleute, Hausväter und sogar Verbrecher.

Siddhartha war einer von vielen Buddhas oder Erleuchteten und es sollten ihm andere, wie Maitreya, nachfolgen. Statt allein die Wahrheit zu besitzen, soll er lediglich „einen alten Weg zu einer alten Stadt wiederentdeckt" haben. Der Buddha behauptete nie, er allein hätte Zugang zu einem allmächtigen und allwissenden Sein, er habe vielmehr – wie ein Wegbereiter – einen zugewachsenen Weg wieder geöffnet. „Stadt" steht dabei für einen Ort der Zivilisation, Sicherheit, Zuflucht und Nahrung, ist ein Symbol für menschliche Kultivierung und Harmonie und bildet einen Kontrast zur gefährlichen Reise durch die Wildnis, auf der man Tieren, Räubern und anderen Risiken zum Opfer fällt.

Dieser Gegensatz – Wildheit und Zivilisation – kommt im Buddhismus, wie viele andere, immer wieder vor. Die Idee der Bändigung und Kultivierung eines wilden und widerspenstigen Herzens voller Gefühle und Leidenschaften, das sowohl von höchsten Idealen als auch von niederen Beweggründen geleitet wird, ist und bleibt eines seiner wichtigsten Konzepte.

Die Lehren zeigen, dass der Zustand von Angst, Entfremdung und Bedeutungslosigkeit, der die Menschen heimsucht, gelöst werden kann. Die Reise führt die Menschen aus dem Alleinsein und allem existentiellen Unglück zurück zu unserem körperlichen Ursprung und damit zum Glück, das uns von Geburt an zusteht.

Die Wahrheit liegt im Inneren

> … in diesem klafterhohen, mit Wahrnehmung und Bewusstsein versehenen Körper, da ist die Welt enthalten, der Welt Entstehung, der Welt Ende und der zu der Welt Ende führende Pfad.
>
> ANGUTTARA-NIKAYA

Dieses Zitat ist einer der ersten Sprüche des Buddha und Teil eines längeren Textes. In diesem fragt ihn ein Weiser, wo die Freiheit zu finden ist. Statt einen Ort jenseits der Erde zu nennen – wie den Himmel –, stellt der Buddha klar, dass wir den Ursprung der Leiden und deren Lösung nur in uns finden können und damit nicht in irgendeinem imaginiertem Raum oder einem Leben nach dem Tod suchen dürfen.

Es gibt keinerlei Anhaltspunkte dafür, dass es einen Körper ohne Geist oder einen Geist ohne Körper gäbe. Sie sind untrennbar miteinander verbunden. Eine Dualität von Geist und Körper existiert nicht. Es gibt keinen Geist ohne Körper und keinen Körper ohne Geist.

Die unveränderten Grundpfeiler der Lehre

In den zweieinhalbtausend Jahren nach Buddhas Tod sind die zentralen Punkte seiner Lehre – trotz der neuen Schulen und Traditionen, die neben den älteren und konservativeren entstanden sind, unverändert geblieben. Sie beginnt mit einer einfachen Beobachtung: Das Leben ist Leiden. Alter, Krankheit und Tod sind Leiden. Etwas zu wollen, was man nicht haben kann, ist Leiden. Vor etwas fliehen zu wollen, vor dem man nicht fliehen kann, ist Leiden. Und sich von etwas trennen zu müssen, was man liebt, ist Leiden. All dies hat eine einzige Ursache: das Begehren.

> Ich habe das Vergnügen und die Grenzen des Vergnügens erfahren.
>
> DER BUDDHA (URSPRÜNGLICHE ÜBERLIEFERUNG)

Wir können Glück haben und die meiste Zeit unseres Lebens das tun, was wir wollen. Früher oder später müssen wir aber mit Situationen umgehen, die nicht nach unserem Willen verlaufen. Leider lernen wir – aufgrund mangelnden Wissens und zu großer Ungeduld – oft wenig daraus und machen heißblütig und unverändert bis zum nächsten Mal weiter, bei dem es uns dann nicht besser ergeht. Vielleicht haben wir aber auch einen Erfolg nach dem anderen, was uns dann in einem Gefühl der Selbstgefälligkeit hinwegschweben lässt.

Jede Schwierigkeit ist eine Möglichkeit zu üben und zu lernen. Die Lehre des Buddha hilft uns nicht nur dabei, mit Enttäuschungen und Erfolg umzugehen, sondern auch klug zu handeln. Alles wird dadurch zu einer Chance: vielleicht zu lernen, aber immer vorwärts zu kommen. Diese Auseinandersetzung mit den Ereignissen des Lebens wirkt sich mit der Zeit auf fast alle Aspekte unseres Daseins positiv aus sowie auf diejenigen, zu denen wir Kontakt haben.

„Der Frosch im Teich weiß nur wenig über den großen Ozean", sagt ein Zen-Spruch, und wenn wir ehrlich sind, sind wir meistens nicht besonders aufmerksam. Einen Großteil unserer Zeit verbringen wir damit, uns um unsere kleinen Sorgen zu kümmern, sind Opfer unserer Wünsche und Launen, Ängste und Begehren, die uns schwächen. Manchmal werden wir uns jedoch unserm eigenen Willen zum Trotz der Welt bewusst. Durch tiefgreifende Erfahrungen oder aber ruhige Momente, in denen die Ängste und Sorgen des Lebens von uns abfailen und sich etwas anderes öffnet. Solche Momente vergehen zwar oft schnell wieder, wir können aber aus ihnen lernen, wie wir durch

Kultivierung, Aufmerksamkeit und „Loslassen" an einen zeitlosen Ort gelangen. Angelernte Verhaltensmuster ersticken dieses Bewusstsein und halten uns gefangen.

Der Pfad des Gewahrseins

Sind wir uns erst über unser negatives Verhalten bewusst, wollen wir dieses auch ändern. Sobald unsere Energie nicht mehr blind freigesetzt wird, ist der Weg für eine allmähliche Veränderung frei. Dann reagieren wir in schwierigen Situationen nicht mehr ungeduldig oder aggressiv. Und wenn schöne Dingen passieren, sind wir nicht mehr „aufgeblasen". Noch wichtiger ist jedoch, dass wir den Menschen um uns keine Last mehr sind, ihnen Trost und Stärke geben.

Das Herz strebt nach Erfüllung, die man nicht in der Anhäufung materieller Dinge finden kann. Wir müssen uns stattdessen von Anhaftungen lösen. Der Weg des Buddha besteht im Abwerfen der Anhaftungen: an „ich" und „mein", an mich als „Person" und ans „Sein" und schließlich die für alle am schwierigsten aufzugebende Anhaftung, nämlich die ans Leben selbst. Das bedeutet nicht ein Leben in Armut, sondern ein Ablassen von den habgierigen Anhaftungen, die die Wirklichkeit verdrehen. Wenn wir es in ein Wort fassen müssten: Der Stolz bestimmt uns und trennt uns von allem, auch von unserer eigenen Natur.

Demütig und gut zu sein, setzt unsägliche Energien frei. Die Stärke dafür zu haben, ist jedoch nicht einfach. Der Weg des Buddha ist eine Methode, sie zu finden.

> Höre auf Böses zu tun, wende dich dem Guten zu.
> Läutere Herz und Geist: Dies ist die Lehre des Buddha.

DAS DHAMMAPADA – VERS 183,
KAPITEL 14, „DER ERWACHTE"

Durch das Loslassen von etwas Liebem und Teurem erleben wir die Wirklichkeit so, wie sie ist. Wenn wir jedoch urteilen, vergleichen und auswählen, wollen wir nur das tun und erleben, was uns reizt, und vermeiden das Schwierige. Das Ergebnis ist ein halbgelebtes Leben.

Wie können wir aber diesem fehlenden Gleichgewicht in uns abhelfen? Indem wir uns von jemandem inspirieren lassen, der vor uns da war und eine Lösung für persönliches Leid gefunden hat, in diesem Fall vom Buddha.

Wenn uns etwas Wundervolles passiert, möchten wir dies mit anderen teilen. Und so erging es auch dem Buddha. Nach der Erleuchtung verbrachte er sein Leben damit, andere den Weg zu lehren, den er gegangen war. Seine Lehren verbreiteten sich in ganz Asien: von Tibet und Thailand bis China, Korea und Japan, wo die ostasiatischen Kulturen die Lehre des Buddha – den sogenannten *Dharma* (in Pali *dhamma*) – auf ihre eigene Weise beeinflussten.

Das Leben des Buddha

Siddhartha Gautama wurde zwischen 563 und 483 v. u. Z. als Mitglied des Shakya-Geschlechts in Kapilvastu auf den Ausläufern des Himalaja geboren. Sein Vater Shuddhodhana regierte über ein kleines Königreich an den Ufern des Flusses Rohini. Seine Mutter, Königin Maya, war die Tochter eines Onkels väterlicherseits, der ebenfalls ein Shakya-König war.

Eine magische Geburt

Wenn auch die Existenz des Siddhartha nicht bezweifelt wird, sind die Berichte über sein Leben eine Mischung aus historischen Fakten und Legenden. Vieles wurde symbolisch interpretiert, doch acht Ereignisse wurden als Tatsachen identifiziert. Eines davon ist die Geburt als Prinz. Eine Erzählung berichtet, dass Königin Maya – nach 20 Jahren der Kinderlosigkeit – einen Traum hatte. In diesem trat ein weißer Elefant durch ihre rechte Seite in ihren Schoß ein, was auf eine ungewöhnliche Empfängnis schließen lässt. Als sich der Zeitpunkt der Geburt näherte, ging sie, wie es Brauch war, zum Haus ihrer Mutter. Auf der Reise machte sie im Lumbini-Garten Rast. Dort soll sie ihren rechten Arm nach einem Ast des Ashoka-Baumes ausgetreckt haben. Während sie sich an diesem festhielt, sei der Prinz plötzlich aus ihrer Seite geboren worden. Der Neugeborene ging daraufhin zehn Schritte in jede Himmelsrichtung, zeigte mit einer Hand zur Erde und mit der anderen zum Himmel und sagte: „Im Himmel und auf Erden bin ich der einzig Verehrungswürdige."

Er wurde Siddhartha genannt, was bedeutet „Jeder Wunsch wurde erfüllt" oder „Jedes Ziel wurde erreicht".

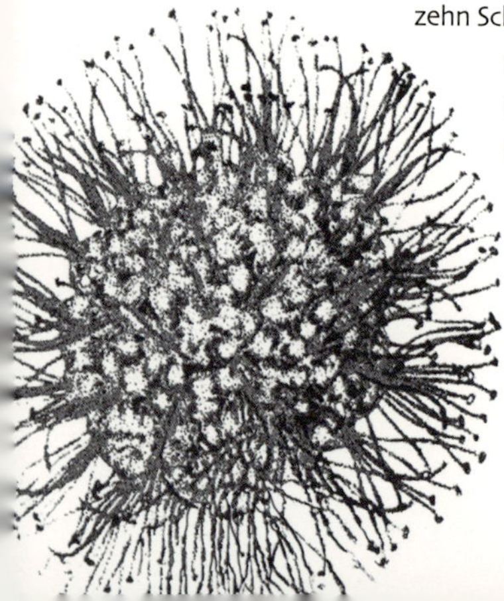

Asita, ein Einsiedler aus den Bergen sah, dass dem König und der Königin ein Kind geboren worden war, und prophezeite, dass der Prinz entweder ein mächtiger Herrscher sein würde, oder ein großer Weiser, ein Buddha, der die Welt retten sollte. Damit er zu einem großen Herrscher heranwachsen würde, war es Siddhartha nun untersagt, den Palast zu verlassen, um ihn vor der grausamen Realität draußen zu schützen.

Die Samen des spirituellen Leidens

Königin Maya starb wenige Tage nach der Geburt und ihre Schwester Mahaprajapati zog den Prinzen auf. In seiner Kindheit gab es einige Vorfälle: Bei einer von seinem Vater angeführten Pflugzeremonie fiel er in ein Stadium des Einsseins. Die Sonne soll stundenlang stillgestanden haben, sodass der Schatten des Rosenapfelbaums, unter dem er saß, auf ihn fiel. Die Erinnerung an dieses Ereignis, heißt es weiter, führte Jahre später zu seiner Erleuchtung. Ein anderes Mal sah er, wie ein Vogel einen Wurm wegtrug, und fragte: „Ach, müssen alle Dinge sterben?" – Seine erste bewusste Wahrnehmung von Vergänglichkeit und Tod.

Siddhartha heiratete, dies stillte aber nicht seine Wissbegier. Nach einigen Versuchen gelang es ihm, den Palast viermal zu verlassen. Erstmals sah er einen Alten, einen Kranken, eine Leiche (die drei Boten Alter, Krankheit und Tod) sowie einen wandernden Heiligen, der seinem erhabenen Erscheinen nach die Furcht vor dem Tod überwunden hatte. Aufgrund dieser „vier Zeichen" soll der Prinz sein Leben in Frage gestellt und sich auf eine spirituelle Suche begeben haben.

Auf der Suche nach Erleuchtung

Die Geburt seines Sohnes Rahula war schließlich der Auslöser dafür, dass Siddhartha den Palast endgültig verließ.

> Ich, der ich selbst Alter, Krankheit, Tod, Kummer und Befleckung unterworfen bin, und die Gefahr dieser Unterwerfung erkannt habe – was wenn ich nach einer unbefleckten, höchsten, perfekten Sicherheit suchen sollte: dem Nirwana.
>
> MAJJHIMA-NIKAYA

Nachdem Siddhartha aufgebrochen war in die Obdachlosigkeit, fand er zwei große Lehrmeister. Später zog er mit fünf eigenen Schülern weiter in die Wälder von Uruvilva. Er nahm große Entbehrungen auf sich, die ihn an den Rand des Todes brachten, bis er sie schließlich als nutzlos erklärte.

> Alle scharfen, schmerzhaften, peinvollen, bitteren Gefühle, die Asketen und Brahmanen in schlechten Zeiten gefühlt haben mögen – meine Schmerzen sind sicher stärker … Doch erreiche ich wirklich über diesen bitteren, elenden Weg höchstes Wissen und Einsicht in die Überwindung der sterblichen Dinge? Vielleicht gibt es einen anderen Weg zur Weisheit.
>
> MAJJHIMA-NIKAYA

Sujata, eine Magd, bot Siddhartha eine Schale mit Reis und Milch an. Entschlossen, einen gesünderen Weg zu suchen, nahm er diese an. Seine fünf Begleiter verließen ihn enttäuscht, da er dem Luxus verfallen schien. Nun ganz allein erinnerte er sich an den Vorfall unter dem Rosenapfelbaum und hielt diese Unbewegtheit für den richtigen Weg.

Auf seiner Suche nun ohne Status, Familie oder Freunde trat Siddhartha in einen meditativen Zustand ein. Nach vielen Tagen tauchte er in der letzten Nacht nicht nur in den Versenkungszustand der *Dhyanas* (*jhanas*, P.) ein, sondern wurde auch vom Dämonenkönig Mara heimgesucht. Dieser drängte ihn mit Verpflichtungen (die Verantwortung, die er im Palast auf sich nehmen müsse), lockte ihn mit sinnlichen Freuden (mithilfe seiner wunderschönen Töchter) und versuchte ihn einzuschüchtern mit Schrecken in Form von Dämonen. In einer endlosen Rückschau auf all seine vorigen Geburten und Tode erkannte der Prinz nun die Ursache von Geburt und Tod: Begehren und absichtliches Handeln. So wurde ihm die Natur der Kausalität offenbar. Er soll den Morgenstern angesehen und vollkommene Erleuchtung erfahren haben und wurde so Buddha, der „Erwachte".

> **So wie ein solider Fels nicht vom Wind erschüttert wird, so kann ein solcher [ein Erwachter] weder von Formen noch Tönen, noch Farben, noch Geschmäcken, noch Berührungen, durch nichts Erwünschtes oder Unerwünschtes erschüttert werden. Gefestigt ist sein Geist, die Erlösung erreicht.**
>
> ANGUTTARA-NIKAYA

Er verbrachte den Rest seines Lebens damit, zu lehren und eine Gemeinschaft aus Mönchen und Nonnen aufzubauen. Auch seine Familie, die sich ihm zuvor entfremdet hatte, zählte nun zu seinen Anhängern. Er lehrte bis zu seinem letzten Atemzug. Bevor er im Alter von 80 Jahren starb, sagte er laut den Überlieferungen seiner Schüler diese letzten Worte:

Werdet selbst Licht. Verlasst euch auf euch selbst und nicht auf jemand anderen. Macht meine Lehren zu eurem Licht. Vertraut ihr, seid nicht abhängig von irgendeiner anderen Lehre …

Nach meinem Tod soll Dharma euer Lehrer sein.
Folgt dem Dharma und ihr werdet mir treu bleiben.
Während der letzten 45 Jahre meines Lebens habe ich nichts von meiner Lehre für mich behalten. Es gibt keine verborgene Lehre, keinen verborgenen Sinn; alles ist offen und klar gelehrt worden. Meine lieben Schüler! Das Ende ist gekommen. Gleich werde ich ins Nirwana eingehen. Dies ist meine Weisung.

Alle zusammengesetzten Dinge sind vergänglich.
Bemüht euch mit voller Achtsamkeit.

AUS DEM
MAHAPARINIBBANA-SUTTA
(IM DIGHA-NIKAYA)

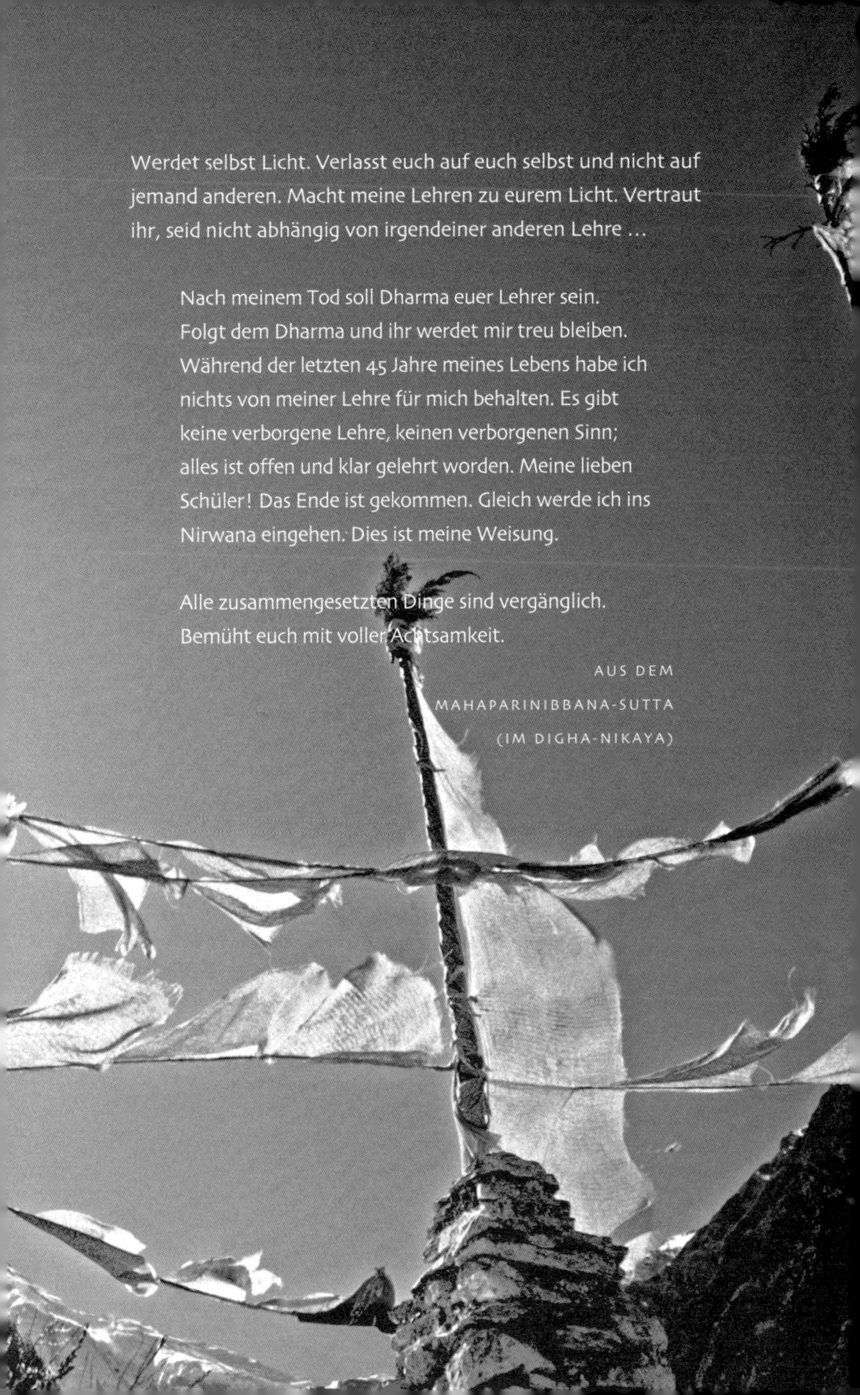

Die Schriftquellen

Es gibt viele buddhistische Textsammlungen, die wichtigsten sind weiter unten aufgeführt. Der Buddhismus hat keine offizielle Sprache; einige Gelehrte stellten jedoch die Texte nach ihren Hauptsprachen zusammen: Pali, Sanskrit, Chinesisch, Koreanisch, Japanisch und anderen, nicht mehr gebrauchten Sprachen wie Khotanisch. Andere wiederum ordneten die Texte nach Land und geografischer Region: Tibet, China, Korea, Japan, Burma, Südostasien, Ostasien oder einfach sehr grob in die Schulen des südlichen und nördlichen Buddhismus, die sie der Theravada- und Mahayana-Tradition gleichsetzten.

Die mündlichen Weisungen des Buddha bilden die Grundlage der ursprünglichen Form des Buddhismus, des theravadischen Buddhismus (*thera* bedeutet „älter", *vada* „Weg"). Die einzige überlieferte Version dieser Sammlung sind die Niederschriften in Pali. Sie besteht aus drei Teilen – „drei Körben" (*Tipitaka* in Pali, *Tripitaka* in Sanskrit). Das Tipitaka enthält Lehren über monastische Disziplinen (Vinayapitaka), Reden, die Buddha und seinen frühen Schülern zugeschrieben werden (Suttapitaka), und eher abstrakte Texte über höhere Lehren und Philosophie (Abhidhammapitaka). Dieser Pali-Kanon fand in den Ländern Beachtung, die der theravadischen Tradition folgten, wie Sri Lanka, Burma, Thailand und anderen Regionen Südostasiens.

Nach dem Tod des Buddha versammelten sich seine Anhänger, um seine Worte zu rezitieren und niederzuschreiben. Ananda, der persönliche Begleiter des Buddha, der ihr den größten Teil seines Lehrerlebens begleitete, trug viel dazu bei, war aber nur einer von vielen. In den folgenden Jahren entstanden in unterschiedlichen Sprachen viele Versionen der Lehre des Buddha, die sich leicht voneinander unterschieden. Jede von ihnen wurde mit einer anderen Gemeinschaft oder frühen Schule gleichgesetzt, von denen es insgesamt 18 gab.

Nach mehreren Jahrhunderten erschienen – hauptsächlich in den buddhistischen Klostern im Norden – neue Sutra-Texte. Diese bekamen den Namen „große" (*maha*) Lehre und sollten später als mahayanische Tradition bekannt werden (*yana* ist in Sanskrit „Fahrzeug" oder „Weg"). In diesen Texten zeichnete sich eine neue Buddha-Botschaft ab, die man vielleicht am besten mit der Idee des universellen Mitgefühls und dem Ideal des *bodhisattva* (*bodhisatta*, P.) wiedergibt: Die endgültige Befreiung tritt erst ein, wenn alles bis zum letzten Grashalm erleuchtet worden ist. Neben dieser neuen Sicht auf den Dharma enthielten die Schriften auch die frühesten Lehren des Buddha. Die Anhänger nannten sich bald mahayanische Schule. Sie schlossen die frühesten Lehren zu keiner Zeit aus, bezeichneten sie jedoch als *hina* („kleinere" oder „geringere") Lehren. Die Mahayana-Schule war die frommste Form des Buddhismus und brachte Texte von großer Bedeutung hervor. Die ersten Ideen werden wohl am besten im Lotos-Sutra, in den Reines-Land-Sutras und den sogenannten Prajnaparamita-Sutras („die Vollkommenheit der Weisheit") wiedergegeben.

Das Tipitaka

Vinayapitaka

Dieser meist nur als Vinaya bezeichnete Teil des Dreikorbs – der „Korb der monastischen Disziplin" – enthält die Regeln für die Sangha, die Kloster- oder Laiengemeinschaft. Der Text hat drei Teile: das Suttavibhanga mit einer Reihe von Regeln für die Mönche und Nonnen – *patimokkha* (*pratimoksha*, S.) –, die Khandhaka mit der Lebensgeschichte des Buddha sowie den Pflichten und Regeln für die Riten und die Parivara mit einer Anleitung zur Einweisung neuer Mitglieder.

Suttapitaka

Der „Korb der Lehrreden" ist – mit seinen mehr als 30 Suttas (Sutras) in fünf Sammlungen (Nikayas) – der längste Teil des Tipitaka. Er besteht aus dem Digha-Nikaya („Sammlung der längeren Lehrreden"), dem Majjhima-Nikaya („Sammlung der mittellangen Lehrreden"), dem Samyutta-Nikaya („gruppierte Sammlung"), dem Anguttara-Nikaya („Sammlung der Angliederungen in aufsteigender Reihenfolge") und dem Khuddaka-Nikaya („Sammlung kleinerer Texte"). Letzterer ist eine Sammlung von 15 Büchern über verschiedene Themen, in denen sich auch das berühmte Dhammapada („Verse des Dharma") und das Jataka („Geburtsgeschichte") befinden.

Abhidhammapitaka

Der „Korb der scholastischen Lehre" setzt sich aus sieben Büchern zusammen und enthält systematische Untersuchungen über die Phänomene und höhere Lehren. Die Texte sind tiefgehend und wertvoll, für die meisten jedoch schwer zu verstehen. Die sieben Bücher sind: Dhammasangani („Auflistung der Phänomene"), Vibhanga („Buch der Abhandlungen"), Dhatukatha („Besprechung der Elemente"), Puggalapannati („Beschreibung der Individuen"), Kathavatthu („Strittige Punkte"), Yamaka („Buch der Paare") und Patthana („Buch der Zusammenhänge").

Die Mahayana-Lehre

Diese im Laufe der Zeit entstandene Lehre lehnt die frühen Worte und Lehren des Buddha aus dem Pali-Kanon weder ab, noch stehen sie im Gegensatz zu diesen. Unter den frühen Texten des Buddhismus sind die mahayanische Entsprechung der Nikayas die Agamen. Die rund 600 Mahayana-Sutras sind im Original in Sanskrit oder Prakrit erhalten oder schon früh ins Chinesische, Tibetische, Koreanische oder Japanische übersetzt worden (siehe unten). Diese Sutras verbindet, dass viele von ihnen erst relativ spät abgefasst wurden. Andere Schulen führen daher an, dass es sich nicht um die historische Lehre, sondern um bloße Zusätze handelt, auch wenn manche im Sinne des Buddha verfasst wurden.

Das Prajnaparamita

Diese Schriften über die vollkommene Weisheit handeln vom Kosmos und der Beziehung der Menschheit zu diesem. Dabei wird besonders die Weisheit als Tugend hervorgehoben. Die bekanntesten Sutras aus dem Prajnaparamita sind das Herz-Sutra und das Diamant-Sutra (siehe unten).

Sukhavativyuha-Sutra

Drei Reines-Land-Sutras tragen diesen Namen, der aus dem Sanskrit übersetzt „Beschreibung des glücklichen Landes" heißt. Die ersten beiden sind das kleine Sukhavativyuha-Sutra und das große Sukhavativyuha-Sutra. Das dritte hat mehrere Titel, der einfachste davon ist „Meditationssutra".

Vajrachedika-Prajnaparamita-Sutra

Das Diamant-Sutra ist das älteste überlieferte gedruckte Werk (868 u. Z.) und wurde in Dunhuang wiederentdeckt. Das kurze Werk, das oft von den Mönchen auswendig gesungen wurde, besteht aus einem Dialog über die Natur der Wahrnehmung.

Vimalakirti-Nirdesa-Sutra

Dieses Sutra handelt von der Leerheit und ihrer Beherrschung durch Laiengläubige. Das Original ist seit langem verschollen. Als die zwei besten Übersetzungen gelten die des turpanischen Gelehrten Kumarajiva (4. Jh. u. Z.) und die des chinesischen Mönches Xuanzang (Mitte 7. Jh. u. Z.).

Saddharma-Pundarika

Das „Sutra der Lotosblüte vom wunderbaren Gesetz" ist besser als Lotos-Sutra bekannt. Das umfangreiche Werk hatte einen großen Einfluss in Mittel- und Ostasien. Eine Zeitlang existierten in China 17 Übersetzungen. Das Sutra enthält populäre und oft zitierte Parabeln wie die des „Brennenden Hauses" (s. Seite 38) und bildete das Fundament der Tiantai-Gemeinschaft (Tendai in Japan) im 6. Jahrhundert.

Avatamsaka-Sutra

Das Blumengirlanden- oder Kegon-Sutra war der wichtigste Text der intellektuellen chinesischen Huayan-Schule, die es als die höchste Form der wahren Existenz bezeichnete. Für die Mahayana-Tradition ist es die erste Predigt des Buddha nach dessen Erleuchtung.

Der tibetische Kanon

Neben den Texten der frühen Buddhisten und der Mahayana-Tradition gibt es Schriften aus Tibet, die sogenannten Tantras. (Die Texte gehören zum Vajrayana oder Diamantfahrzeug, einer Form des Tantrischen Buddhismus, die charakteristisch für Tibet ist und in Shravasti aus dem dritten buddhistischen Lehrzyklus, dem dritten Drehen des Dharma-Rads, entstanden sein soll.)

Der Kanon hat zwei Teile: Kanjur („Übersetzung der Worte") und Tanjur („Übersetzung der Lehre"). Der Kanjur enthält das Prajnaparamita-, das Avatamsaka- und andere Mahayana-Sutras sowie die Nikaya-Texte und Teile des Vinaya. Insgesamt umfasst es 100 Bände. Der Tanjur ist ein Zusatz mit Werken des Abhidhamma, Abhandlungen und Kommentaren von über 3 600 Texten in 224 Bänden.

Die Verbreitung der Lehre

In Indien wurden die fünf Begleiter des Buddha nach dessen Erleuchtung auch zu seinen ersten Anhängern. Diese lehrte er die Grundlagen des Mittleren Weges, der Vier Edlen Wahrheiten und des Edlen Achtfachen Pfades. Seine Anhänger trugen die Lehren auch in die Ferne. Ein einflussreicher Anhänger war der Maurya-König Ashoka (Reg. 273–232 v. u. Z.), der Abordnungen bis nach Mazedonien und Syrien schickte. Er entsandte auch einen Mönch nach Sri Lanka, wo der Buddhismus schnell Fuß fasste.

Zwei der ersten Schüler waren Kaufleute aus Burma. Auf ihren Handelsrouten über Land und Meer verbreitete sich der theravadische Buddhismus – die „Lehre der Älteren" – über ganz Südostasien. Der Pfad ist auch als „südliche Überlieferung" bekannt. Nördlich von Indien – jenseits von Gandhara und Tibet – liegt das weite Land Zentralasiens, über die Seidenstraße verbunden mit Turpan im Osten und Baktrien im Westen. Über diese Route der „nördlichen Überlieferung" erreichten die Lehren des Buddha China und sogar die Mongolei, Vietnam, Korea und Japan.

China

Als der Buddhismus im 1. Jahrhundert u. Z. China erreichte, wurde eine Übersetzungswelle in Gang gesetzt, die acht Jahrhunderte andauern sollte. Im Jahr 399 u. Z. reiste eine Gruppe buddhistischer Mönche – unter ihnen Faxian – auf der Suche nach Texten bis nach Indien. Jahrhunderte später machte sich Xuanzang auf die Reise, um den Übersetzungsprozess zu vollenden. Das Ergebnis dieser jahrhundertelangen Anstrengung der Chinesen war ein umfangreicher, auf Holztafeln gedruckter Textkorpus, der sich in Ostasien ausbreitete.

Der chinesische Buddhismus brachte die neuen Mahayana-Schulen Chan, Tiantai und Reines Land hervor. Chan wurde im frühen 6. Jahrhundert vom indischen Gelehrten Bodhidharma in China begründet. In dieser Reformbewegung wollte man nicht über Schriften, sondern durch bescheidenes Leben, meditative Praxis und Kultivierung des Geistes Erleuchtung erreichen. Am stärksten entwickelte sie sich in Japan – als Zen – weiter. Die im späten 6. Jahrhundert gegründete Tiantai-Schule sieht im Lotos-Sutra den vollständigen Ausdruck buddhistischer Wahrheit. Reines Land war vom Nirwana-Sutra inspiriert, verdankte aber auch viel den – von Tanluan und Daochuo vom 5. bis 7. Jahrhundert entwickelten – Erlösungsideen.

Nach der Invasion Chinas durch die Mongolei im späten 13. Jahrhundert wurde der tibetische Buddhismus zur vorherrschenden Form. Chan überlebte durch seine Verschmelzung mit dem Reinen Land.

Japan

Der Buddhismus erreichte Japan, als der koreanische König Song im Jahr 538 dem Hof des japanischen Kaisers Kinmei eine buddhistische Rolle sandte. Nur ein Jahrhundert vorher hatte das koreanische Silla-Königreich den Buddhismus als Staatsreligion anerkannt, da es gemerkt hatte, wie dieser die chinesische Nation gestärkt hatte. Ähnlich veränderte der Buddhismus auch Japan: Tempel wurden zu bedeutenden gesellschaftlichen Zentren und neben der Religion entstand eine wichtige buddhistische Kultur.

Die bekannteste Richtung des japanischen Buddhismus ist Zen, das sich aus dem chinesischen Chan entwickelte. Japans renommierte Teezeremonien, Tempelgärten, Kalligrafie, Poesie usw. wurzeln in der Praxis des Zen. Die zwei größten Schulen – Rinzai und Soto – führen eine Form der Sitzmeditation namens *zazen* aus.

Als der japanische Mönch Eisai (1141–1215) aus China zurückkehrte, führte er neben der Teepflanze auch die Rinzai-

Tradition in Japan ein. Diese Form des Buddhismus zog besonders die elitäre Kriegerklasse der Samurai an. Eine wichtiges Schulungselement waren die *koans*, schwierige Fragen, die nicht mit dem Intellekt, sondern nur durch Einsicht beantwortet werden können. Dieser Weg verdankt einen Großteil seiner Popularität dem Rinzai-Meister Hakuin (1685–1768). Zur Beantwortung eines Koan bedarf es oft jahrelanger Schulung, wobei der Meister oder *roshi* dem Schüler nach der endlich gefundenen Antwort die Frage vielleicht erneut stellt.

Die größere Soto-Schule verwendet Koans und Treffen mit den Lehrmeistern weniger. Die Methode ist von Geduld geprägt und Regeln unterworfen. Der Gründer der Soto-Schule, Dogen (1200–1253), war ein Verfechter der tiefen, einsamen Meditation Shikanataz („einfach sitzen"). Er schrieb:

> Ihr solltet aufhören, Worten und Schriften nachzulaufen, sondern vielmehr lernen, zurückzutreten und selbst nachzudenken. Dann werden Körper und Geist von selbst abfallen und eure ursprüngliche Buddha–Natur wird sich zeigen.

AUS DEM SHOBOGENZO
(„DAS AUGE DES WAHREN GESETZES") VON DOGEN

Unter der Leitung des ehemaligen Tendai-Mönchs (wie man Tiantai in Japan nannte) Honen (1133–1212) wurde Reines Land zu einer eigenständigen Gemeinschaft in Japan. Als Jodo-Shu wurde sie neben Zen vorherrschend.

Tibet

Trotz seiner Nähe zu Nordindien über den Himalaja erreichte der Buddhismus Tibet erst ein Jahrtausend nach der Zeit des Buddha. Dies geschah in zwei Wellen. Die erste – im 7. und 8. Jahrhundert – wird Nyingma oder „Alte Schule" genannt. Die zweite – zwischen dem 10. und 13. Jahrhundert – trägt den Namen Sarma oder „Schule der neuen Übersetzung".

Die drei sogenannten „Dharma-Könige" waren für die Etablierung des Buddhismus in Tibet ausschlaggebend. Erste Kontakte hatten die Bewohner bereits über die nepalesischen Frauen von König Songtsen Gampo (Reg. 620–649). Wirklichen Aufwind bekam der Buddhismus hier aber erst im 8. Jahrhundert, als König Trisong Detsen (Reg. 754–797) den indischen Lehrer Shantarakshita einlud, ein Kloster aufzubauen, was dieser mit Unterstützung von Padmasmbhava in Samye tat.

Als das Reich von Trisong Yarlung im 9. Jahrhundert auseinanderzufallen begann, sank das Interesse am Buddhismus, da das Land bereits der Bön-Religion anhing. Mit der Ankunft des Tibetisch sprechenden indischen Lehrers Atisha im Jahr 1042 breitete der Buddhismus sich aber erneut aus. Atisha unterstrich besonders die Bedeutung der Hingabe des Schülers gegenüber seinem Meister sowie die Anwendung der Ideale eines Bodhisattva auf das Leben des Praktizierenden.

Monastische Disziplin, geheime Praktiken (meist unter Bön-Einfluss) und die bedeutende Rolle, die bestimmte Lehrer – *siddhas*, *tulkus* und *lamas* und insbesondere der Dalai Lama – genossen, trugen entscheidend zur Ausprägung des tibetischen Buddhismus bei. Diese als Vajrayana (Diamantfahrzeug) bekannte esoterische Form (manchmal auch – nach Theravada/Hinayana und Mahayana – „das Dritte Drehen des Dharma-Rads" genannt) ist sehr charakteristisch für Tibet. Vajrayana basiert auf den Tantras genannten Schriften. Diese zeigen einen Weg auf, der das Erreichen der Buddhaschaft in kurzer Zeit möglich macht, und zwar nicht über philosophische Lehren, sondern über komplexe Visualisierungspraktiken, die mit hochentwickelte Gottheitshierarchien arbeiten.

Europa und Nordamerika

Die westliche Welt kam mit dem Buddhismus durch die europäischen Kolonialbestrebungen in Asien in Berührung, wo nun wissbegierige Reisende, Historiker, Gelehrte und Linguisten auftauchten, die von der Geschichte und den Religionen des alten Indiens und den fernöstlichen Kulturen fasziniert waren. Vom 19. Jahrhundert an war Britannien das Zentrum für die Erforschung östlicher religiöser Schriften. Die Gründung der Königlichen Asiatischen Gesellschaft (1824), der Pali-Text-Gesellschaft (1881), der Schule für Orientalische Studien (1916) und der Buddhistischen Gesellschaft (1924) zeugen von diesem Interesse. Die ersten buddhistischen Tempel in Übersee wurden für Auswanderer gebaut, Interesse von Seiten der westlichen Welt entstand erst nach dem Ersten Parlament der Weltreligionen 1893 in Chicago. Die erste buddhistische Glaubensgemeinschaft, die außerhalb Asiens Fuß fasste und vor über einem Jahrhundert in Hawaii und Kalifornien eigene Tempel baute, war Reines Land.

Seitdem hat der Buddhismus Hunderttausende von westlichen Anhängern gefunden und das Interesse steigt weiter an. Inzwischen haben sich Hunderte verschiedener buddhistischer Schulen und Zentren im Westen etabliert. Wie in den folgenden Kapiteln zu lesen, gehen jedoch alle Richtungen – unabhängig von Schule, Tradition oder Stil – auf die Grundlehren des Buddha zurück.

> Euer Leiden ist mein Leiden und euer Glück ist mein Glück.
>
> DER BUDDHA (URSPRÜNGLICHE ÜBERLIEFERUNG)

Über dieses Buch

So wie ein guter Arzt den Patienten – vor Festlegung der Behandlung – genau untersucht und seine Krankengeschichte notiert, diagnostiziert auch der Buddha erst die Leiden und bietet dann eine Lösung an. Seine Lehren werden in zwei Teilen präsentiert: Teil I enthält eine Beschreibung der – unpersönlichen und persönlichen – Bedingungen, die unser Leiden bedingen, Teil II schlägt ein Heilmittel vor.

In Kapitel 1 werden diese Bedingungen mithilfe der „zwölfgliedrigen Kausalkette" (oder „Lehre vom Abhängigen Entstehen") dargelegt. Das universelle Gesetz, das die gesamte Existenz – die „drei Daseinsmerkmale" – beschreibt, ist Gegenstand von Kapitel 2. Kapitel 3 behandelt die „drei Feuer", die zwar alle Lebewesen in sich haben, jedoch nur vom Menschen wahrgenommen und geändert werden können.

Für das Heilmittel gewährt das Universelle und Unpersönliche den konkreten Lehren Platz. Kapitel 4 handelt vom „Mittleren Weg", einer der wichtigsten Lehren des Buddha, von der sich alle anderen ableiten. Kapitel 5 legt die „Vier Edlen Wahrheiten" dar, Kapitel 6 den „Edlen Achtfachen Pfad", einen praktischen Leitfaden für das Leben. Kapitel 7 ist eine Anleitung zur Praktizierung der *paramitas* („Vollkommenheiten") – zur gekonnten Lebensführung, die das Leiden aufhebt und zu einer glücklichen, energievollen Lebenseinstellung führt. In Kapitel 8 werden die wesentlichen Züge der Ausübung und die Entwicklung der Form untersucht. Kapitel 9 behandelt die Kultivierung der Achtsamkeit, ohne die keine Veränderung möglich ist. Kapitel 10 hat die vielseitigen Aspekte der Meditation zum Gegenstand.

Das brennende Haus

> Es war einmal ein reicher Mann, dessen Haus Feuer gefangen hatte. Er war unterwegs und als er zurückkam, fand er seine Kinder so vertieft ins Spielen vor, dass sie das Feuer gar nicht bemerkt hatten. Er rief: „Kommt raus, Kinder! Verlasst das Haus! Schnell!" Die Kinder beachteten ihn aber nicht. Da rief er: „Kinder, ich habe hier wunderbare Spielsachen. Kommt raus und holt sie euch!" Nun hörten sie und rannten aus dem brennenden Haus, um sich an den Spielsachen zu erfreuen.
>
> DAS LOTOS-SUTRA

Die Mahayana-Sutras verwenden zur Vermittlung der Lehren alle möglichen literarischen Mittel: Allegorien, Metaphern, Geschichten in Geschichten, fantastische Szenarien usw. Die Spielsachen, mit denen der Vater die Kinder in dieser Geschichte lockte, waren dekorative Wagen. Diese stehen als Symbol für die Fahrzeuge, die die Lehren darstellen. Obwohl wir uns nicht der Gefahren des Begehrens und Verlangens bewusst sind – wie die Kinder nichts von der Gefahr des Feuers bemerkten –, hat der Buddha aus großem Mitgefühl seine Lehren formuliert. Und wie von Spielsachen werden wir von ihnen angezogen, studieren sie und entkommen so manchen Gefahren des Anhaftens. Die Welt ist ein brennendes Haus, doch wir merken nicht, dass es brennt und schweben in Gefahr, lebendig zu verbrennen, da wir weltlichen Vergnügen anhaften. Durch mitfühlende Lehren können wir jedoch gerettet werden. Die „Spielsachen" retten uns – unserem eigenen Willen zum Trotz.

Die Lehren

Die zwölfgliedrige Kausalkette

Laut der Lehre des Buddha ist das „universelle Gesetz" oder Dharma (Dhamma, P.) unermesslich, unpersönlich und neutral. Das *pratityasamutpada* oder die „zwölfgliedrige Kausalkette" (*paticcasamuppada*, P.) zeigt in der frühesten Formulierung, wie ineinander verzahnte, auf Unwissenheit beruhende Ereignisfolgen zu Krankheit, Leid, Alter und Tod führen. Auch wenn die Lehre leicht verständlich erscheint, wurde Ananda, der persönliche Begleiter des Buddha, dafür getadelt, dass er sie zu direkt auffasste. Im Suttapitaka wurde die Lehre wie folgt niedergeschrieben:

> So habe ich es vernommen: Einst weilte der Erhabene – kurz nach seiner vollkommenen Erwachung – bei Uruvela am Ufer des Flusses Neranjara und am Fuße des Bodhi-Baumes.
>
> Da saß der Erhabene sieben Tage lang mit gekreuzten Beinen da und empfand das Wohl der Erlösung. Als die sieben Tage verstrichen waren, stieg der Erhabene aus dieser Geistessammlung auf und betrachtete während der ersten Nachtwache aufmerksam das bedingte Entstehen in fortlaufender Reihenfolge, und zwar folgendermaßen: Wenn dieses ist, ist jenes, durch das Aufsteigen von diesem steigt jenes auf, nämlich: Durch Unwissen die Handlungen, durch die Handlungen das Bewusstsein, durch das Bewusstsein Körper und Geist, durch Körper und Geist die sechs Sinnesgebiete, durch die sechs Sinnesgebiete die

Berührung, durch die Berührung das Empfinden, durch das Empfinden das Verlangen, durch das Verlangen das Ergreifen, durch das Ergreifen das Werden, durch das Werden die Geburt, durch die Geburt Alter und Tod, Kummer, Jammer, Schmerz, Leid und Verzweiflung. So entsteht diese ganze Fülle an Leid.

Da tat der Erhabene, nachdem er erkannt hatte, was dies zu bedeuten hatte, folgenden Ausspruch:
„Wenn dem eifrigen, vertieften Brahmanen die Dinge klar werden,
verschwinden all seine Zweifel, da er den ‚Prozess samt Ursache begreift.“

DAS UDANA (IM KHUDDAKA-NIKAYA)

Das erste der zwölf Glieder oder Schlingen (*nidanas*) ist das Unwissen. Auch wenn dieses an erster Stelle steht, handelt es sich streng genommen nicht um die erste Ursache, da es selbst als Ursache Alter und Tod hat. Die Kette hat im Grunde weder Anfang noch Ende und wird daher als Kreis oder Rad dargestellt. Das erste und zweite Glied repräsentieren dabei das vergangene Leben, das dritte bis siebte die Wiedergeburt, das achte bis zehnte den Karmaprozess (*karma-bhava*) und das elfte und zwölfte die zukünftige Wiedergeburt.

Das Rad bleibt nur stehen, wenn es an den Gliedern acht bis zehn unterbrochen wird. Wird die Kette durch den Tod gelöst, führt das innere Karma (*kamma*, P.) zu einem neuen Leben, im Unwissen der vorherigen Leben.

Jedes Glied der Kette ist auf eine bestimmte Weise dargestellt. Das erste – Unwissen (*avidya/avijja*) – wird gewöhnlich durch einen blinden Menschen symbolisiert, das zweite – Wille

(*samskhara/sankhara*) – durch einen Töpfer an der Töpferschieb, das dritte – Bewusstsein (*vijnana/vinnana*) – durch einen Affen in einem Baum, das vierte – Körper und Geist (*nama-rupa*) – durch zwei Personen in einem Boot, das fünfte – die sechs Sinne (*sadayatana/ayatana*) – durch ein leeres Haus mit Fenstern, das sechste – Berührung (*sparsa/phassa*) – durch ein sich umarmendes Paar, das siebte – Empfinden (*vedana*) – durch einen Pfeil im Auge, das achte – Begehren (*trsna/tanha*) – durch einen Trinkenden, das neunte – Anhaften (*upadana*) – durch eine Person, die Früchte sammelt, das zehnte – Werden (*bhava*) – durch eine schwangere Frau, das elfte – Geburt (*jati*) – durch eine gebärende Frau und das zwölfte – Alter (*jaramarana*) – durch einen alten Menschen mit einem Toten.

Unterbrechen kann man diese Kette nur durch die Kultivierung von Achtsamkeit, und zwar indem man an seinen „drei Feuern" (Giften, Hindernissen oder Geschwüren, s. Kapitel 4, S. 78–89) –

Begehren, Zorn und Verblendung – arbeitet. Diese Feuer sind insofern unpersönlich, da sie eine blinde elementare Qualität haben und weder ich noch mir oder mein sind (s. Kapitel 3, S. 62–77). Das „Ich“ kann jedoch von ihnen hinweggetragen werden und sich so in sie verwandeln.

Wenn das „Ich“ wütend wird, wird die Achtsamkeit ausgelöscht und alle Objektivität geht verloren. Auch überwältigende Freude kann blind machen. Viele sagen: „Ich weiß nicht, was über mich kam“ – ein Gefühl der Anhaftung und Täuschung.

Die „drei Daseinsmerkmale“ (Leid, Vergänglichkeit, Nicht-Ich) sind ebenfalls unpersönlich und universell. Kein Zustand ist dauerhaft, auch eine schmerzhafte Krankheit, ein schwieriger Chef, eine Witterung oder ein schöner Urlaub nicht. Alles verändert sich, nichts hat eine letzte Wesenheit und alles ist daher unbefriedigend. Wirklich befreien können wir uns von unseren Anhaftungen nur im Nirwana (nibbana, P.), in dem es keine Bedingtheit, kein „Ich“ mehr gibt, an das man sich klammern, das leiden oder weggetragen werden könnte.

Ein Kosmos

In den späteren Lehren der Mahayana-Tradition gewann die Lehre von der zwölfgliedrigen Kausalkette durch die Entwicklung des allumfassenden Anatman (*anatta*, P.) einen universellen, kosmischen Anstrich.

Alles ist miteinander verbunden, nichts existiert unabhängig vom anderen, alle Dinge hängen voneinander ab und entstehen gemeinsam. Die Menschen sind Teil dieses einzigartigen, miteinander verflochtenen, universellen Schauspiels. Dies gilt auch für den psychophysischen Fluss, den wir Person nennen. Das um das 3. Jahrhundert u. Z. in Indien entstandene Avatamsaka-Sutra verwendet zur Beschreibung dieser Durchdringung und gegenseitigen Abhängigkeit oder Verbundenheit aller Dinge – nicht nur der materiellen, auch der geistig-psychischen – die Metapher des „Indranetzes“, einer vedischen Gottheit, die in einem Palast auf dem Berg Meru wohnt, der *axis mundi* (Weltachse).

> Es gibt drei Dimensionen, die sich weit in alle vier Richtungen des Universums ausstrecken. An jedem Punkt, an dem ein Faden auf einen anderen Punkt des Netzes trifft, befindet sich ein Edelstein. Dieser spiegelt sich in allen anderen Edelsteinen des ganzen Netzes wider, und auch diese Spiegelung sieht man in allen anderen Edelsteinen.
>
> Kein Teil des Netzes kann unabhängig vom Rest bestehen und jede Bewegung wirkt sich in gewisser Weise auf den am weitesten entfernten Teil des Netzes oder Universums aus. Das Ganze spiegelt sich im Einzelnen und das Einzelne im Ganzen wider.

DAS AVATAMSAKA-SUTRA
(DAS BLUMENGIRLANDEN-SUTRA)

Etwa um die gleiche Zeit wie Buddha in Indien lebten im alten Griechenland die Vorsokratiker Thales, Anaximander, Anaximenes und Demokrit – Philosophen, die sich sehr für den Ursprung des Universums interessierten. Diesen wollten sie nicht mehr mit Mythen oder Legenden erklären, sondern suchten vielmehr nach einem zugrundeliegenden Prinzip oder Stoff – Elementen in verschiedenen Kombinationen, aus denen alles entsteht. Sie wollten zeigen, dass das ganze Universum trotz seiner Vielfalt aus der gleichen – nur eben anders kombinierten – Materie besteht.

Demokrits Atomtheorie war dabei der Vorstellung der Dharmas, so wie sie im frühen Buddhismus die Vaisesika-Schule vertrat, gar nicht so fremd. (Dharma meint hier ein Element und nicht das Gesetz). Noch mehr glich den – späteren – Lehren des Buddha jedoch Heraklit von Ephesos (ca. 530– 475 v. u. Z.). Für

ihn war der zentrale Punkt des Universums die Veränderung, das einzig fortdauernde Prinzip nannte er *logos*. Heraklit wandte dies jedoch nicht praktisch an, während für den Buddha die Wahrnehmung der Wirklichkeit, so wie sie ist (*dhaamata*), das Ende des Leids bedeutet.

Diese Ideen haben bis in die moderne Physik Bestand. Die Urknalltheorie geht davon aus, dass am Anfang des Universums eine Singularität steht. In den Upanischaden ist dies ganz ähnlich, auch hier beginnt der Kosmos mit einem Punkt (*bindu*). Die sichtbare Vielfalt ist real, besteht aber aus der gleichen Materie und die Dinge sind miteinander verbunden. Egal ob Materie, Energie oder Geist: Die Behauptung, jedes Teil sei einzeln, unabhängig und von eigenständiger Natur, ist unmöglich aufrechtzuerhalten.

In der Chaostheorie setzt eine kleine Bewegung wie der Flügelschlag eines Schmetterlings eine Ereignisfolge in Gang, die an einem weit entfernten Ort unvorhersagbare Wirkungen hervorrufen kann. Die Quantentheorie kommt der Wesenseinheit der gesamten Materie mit der Idee der „Teilchenverschränkung" wohl am nächsten. Nach neueren Ansätzen soll das Universum in die Singularität zurückfallen in Übereinstimmung mit den antiken Theorien, in denen der Fluss von Werden und Vergehen die wesentliche Erkenntnis darstellt.

> Alles Zusammengesetzte ist vergänglich: Es wächst und zerfällt.
>
> DER (URSPRÜNGLICHE) BUDDHA

Kein Kosmologe, ein Heiler

Der Buddha tadelte seine Schüler jedoch, wenn sie kosmologischen Ideen nachhingen, denn er hielt sie für irrelevant. Seine Botschaft drehte sich nicht um die Seinswerdung der materiellen Welt, sondern um den Ursprung des Leidens – und dies zu einer Zeit, in der viele Theorien zur Kosmogonie auftauchten. Eine davon ging von vier Phasen eines Zyklus aus – Auflösung, Nichts, Werden und Fortbestand –, wobei jede Phase im ewigen Kreislauf aus Werden und Vergehen unberechenbar lange Zeitalter andauerte. Der Buddha, als spiritueller Lehrer auf der Suche nach dem Grundsätzlichen, betonte jedoch die Bedeutung des inneren Universums des Geistes, das Wesen des Leidens und seine Aufhebung. Leiden entsteht durch die falsche Annahme eines „Ich", dadurch entstehen ein Gefühl von Getrenntsein und Angst sowie der Irrglaube an eine Welt, die aus Freunden und Feinden besteht.

Eine Folge dieser Falschannahme sind die drei Leidenschaften – Begehren, Zorn, und Verblendung –, da das Individuum die Verlangen des falsch verstandenen „Ich"-Sinns zu stillen versucht. Wer jedoch dem Lehr-Pfad des Buddha folgt, kann in einer pluralistischen Welt (den Gegensätzen von Leben und Tod und den Launen des Alltags unterworfen) leben und zugleich Teil eines geeinten, nicht-dualistischen Universums sein (weder den Gegensätzen von Geburt und Tod noch Zeit und Veränderung unterworfen).

> So, Brüder, wie eine dunkelblaue oder weiße Lotosblüte, im Wasser entstanden, im Wasser gewachsen, über die Wasseroberfläche hinausgewachsen, vom Wasser unbefleckt dasteht, so, Brüder, ist auch der Tathagata in der Welt geboren und in der Welt aufgewachsen, über die Welt hinausgewachsen und weilt von der Welt unbefleckt.
>
> SUTTA-NIPATA (IM KHUDDAKA-NIKAYA)

Das Rad des Lebens

Alles ist durch etwas bedingt, nichts hat eine unabhängige Existenz oder Essenz. Bei dieser oft als „Rad des Lebens" dargestellten Idee sind nicht nur die Glieder der Kette verbunden, sondern alles ist Teil eines universellen Schauspiels – des unveränderlichen Gesetzes von Karma, Ursache und Wirkung – sowie der Vernetzung aller Dinge.

Im Zentrum der Illustrationen finden sich drei Tiere: ein Hahn, eine Schlange und ein Schwein oder Bär, die für die „drei Feuer" (Gifte, *kleshas*) Begehren, Zorn und Verblendung stehen. Sie bilden die Radnabe, die durch die psychische Energie, die aus den Leidenschaften der Tiere aufsteigt, in Bewegung gehalten wird. In der Mitte zeigt ein leerer Raum das Nirwana und das Shunyata (*sunyata*).

Da der Kreis des bedingten Lebens aus dem ewigen Zyklus von Tod und Wiedergeburt (*samsara*) besteht, ist der Hauptteil des Rades in sechs Daseinsbereiche aufgeteilt: den der Götter (*devas*), der Menschen, der Tiere, der Halbgötter, der hungrigen Geister und der Hölle unvorstellbaren Leids. Das Rad der absichtlichen Taten und ihrer Folgen wird durch den falschen Glauben an ein „Ich" angetrieben, der durch – aus Unwissenheit begangene – Taten entsteht und Begehren und Anhaften zur Folge hat.

Sobald die Verblendung verschwindet, werden die Menschen aus den Ketten von Ursache und Wirkung befreit. Die Befreiung ist allein den Menschen vorbehalten; der himmlische Bereich bleibt dann so lange selig, bis sich das – durch absichtliches Handeln entstandene – gute Karma erschöpft hat und die Karmagesetze die Geburt in einer anderen Welt vorsehen.

Jeder Bereich hat einen erleuchteten Buddha. Daher ist es selbst in der Hölle noch möglich, Mitgefühl zu erfahren und in einen anderen Bereich aufzusteigen. Die Menschen werden geboren, sterben und werden wiedergeboren. Je nach Geisteszustand gehen sie in eine höllische, eine himmlische oder menschliche Welt ein. In der menschlichen Welt kann man jedoch Bewusstsein erlangen und blindes Unwissen wird nicht länger den nächsten Geisteszustand bedingen. Sogar ein Verlassen des Rades ist möglich. Oder mit den Worten des Buddha:

> Das Ende des Unwissens führt zum Ende der Willensakte. Das Ende der Willensakte zum Ende des Bewusstseins. Das Ende des Bewusstseins zum Ende von Namen und Form. Das Ende von Namen und Form zum Ende der Sinne. Das Ende der Sinne zum Ende der Berührung. Das Ende der Berührung zum Ende des Empfindens. Das Ende des Empfindens zum Ende des Verlangens, das Ende des Verlangens zum Ende des Ergreifens, das Ende des Ergreifens zum Ende des Werdens und das Ende des Werdens zum Ende der Geburt. Das Ende der Geburt führt zum Ende von Alter und Tod, Schmerz und Kummer, Leid, Jammern und Verzweiflung. So endet all diese Fülle an Leid.
>
> SUTTA-NIPATA (IM KHUDDAKA-NIKAYA)

Karma

Das Karmagesetz, das sich auf Willensakte in einem moralischen Sinn bezieht, ergibt sich aus einem tiefgreifenden Verständnis der zwölfgliedrigen Kette. So wie die Wissenschaft das physikalische Gesetz von Ursache und Wirkung nachgewiesen hatte, verstand der Buddha, dass das Leben auch einem moralischen Kausalzusammenhang unterlag. Handelt eine Person aus – auch wenn verborgener – böswilliger Absicht, dann hat dies weitreichende Folgen hinsichtlich des Glücks dieser und anderer Personen in der Zukunft.

> Die Menschen glauben an das „Ich" und „Du" und sehen nicht, wie viel Schaden diese Gedanken anrichten. Sie sehen nicht den Stachel darin. Wer den Stachel jedoch sieht, denkt nicht mehr daran, ob etwas „von mir" oder „von einem anderen" getan wurde.
>
> DAS UDANA (IM KHUDDAKA-NIKAYA)

Das Kausalgesetz wirkt sich auf die Menschen aufgrund der Natur menschlicher Taten aus, die das vernetzte System speisen. Doch wie können wir, sobald wir begriffen haben, dass alles eine Wirkung auf alles hat, überhaupt noch handeln? Wenn ich bei Regen ohne Regenschirm aus dem Haus gehe, werde ich nass. Das liegt in der Natur der Dinge und zeigt das materielle Kausalgesetz. Wenn ich jemandem die Schuld für den vergessenen Schirm gebe und den ganzen Tag daran denke, leide ich aber viel mehr, nur wegen des bisschen Regens. Außerdem kann dies zu einem Streit führen.

Das Nasswerden ist eine direkte Folge des Regens: Es regnet, ich befinde mich darunter, ich werde nass. Das Gesetz des Karma kümmert sich nicht um den materiellen Aspekt der Kausalität, sondern um das Innenleben: Es regnet, ich möchte nicht nass werden, ärgere mich, weil ich nass werde, ich gebe anderen die Schuld dafür, habe schlechte Laune, ich und alle um mich herum leiden wegen meiner schlechten Laune. Das Prüfen der Kette zeigt, dass Unwissen (*avidya*) die Ursache für die negative Ereignisfolge ist, die zu Zorn und dessen Folgen führt. In diesem Fall hat das Bedürfnis, jemandem die Schuld zu geben, karmische Konsequenzen für die Zukunft.

Jemand mit einem geringeren Grad an Unwissenheit akzeptiert, dass es regnet. Und selbst wenn er oder sie darauf emotional reagiert, sind die Konsequenzen nicht so schwerwiegend, wenn man sich seiner selbst bewusst ist und so angemessen handeln kann. Bin ich mir meines Ärgers bewusst, lebe ich ihn auch weniger aus. Und wenn es kein „Ich" zum Handeln gibt, sondern nur die Wahrnehmung des Regens, gibt es gar keinen Ärger.

> Alle Dinge entstehen im Geist, sind unseres mächtigen Geistes Schöpfung.
> Rede mit unreinem Geist, handle mit unreinem Geist,
> und Leiden wird dir folgen,
> wie das Rad dem Fuß folgt, der den Wagen zieht.
>
> Alle Dinge entstehen im Geist, sind unseres mächtigen Geistes Schöpfung.
> Rede mit reinem Geist, handle mit reinem Geist, und Glück wird dir folgen, wie der Schatten dem Körper folgt und nicht weicht.

DAS DHAMMAPADA – VERSE 1 UND 2,
KAPITEL 1, „DIE WAHL"

Die drei Arten des gewollten Handelns

Gewollte Handlungen können geschickt, ungeschickt oder neutral sein. Ungeschickte Handlungen entstehen aus Begehren, Zorn und Verblendung, werden körperlich, sprachlich oder geistig ausgedrückt und haben negative Konsequenzen. Dagegen führen mit Wohlwollen, Freiheit und einer klaren Vision ausgeführte Handlungen zu guten Ergebnissen.

Die Absicht nenne ich Karma (Handlung), ihr Mönche. Durch die Absicht handelt man mit dem Körper, der Rede oder dem Geist.
Es gibt absichtliche Handlungen (Karma), die in der Hölle reifen.
Es gibt absichtliche Handlungen (Karma), die in der Tierwelt reifen.
Es gibt absichtliche Handlungen (Karma), die in der Menschenwelt reifen.
Es gibt absichtliche Handlungen (Karma), die im Himmel reifen.

ANGUTTARA-NIKAYA

Alle absichtlichen und gewollten Handlungen reifen in diesem Leben, im nächsten Leben oder in den folgenden Leben.

ANGUTTARA-NIKAYA

Werden Mord … Diebstahl … sexuelles Fehlverhalten … Lüge … üble Nachrede … Barschheit … sinnloses Geschwätz ausgeübt, betrieben und häufig gepflegt, führt dies zur Wiedergeburt in der Hölle, unter den Tieren oder den Geistern.

ANGUTTARA-NIKAYA

Absichtliches Handeln (Karma) hat immer ein – gutes oder schlechtes – Ergebnis. Befreit wird man, wenn das Handeln keine Absicht mehr verfolgt, sondern der Situation gemäß spontan erfolgt.

> Wer viel Übles denkt und tut, der wird darüber Schmerz empfinden, in dieser Welt, wie in der nächsten.
> Er wird Schmerz empfinden und bedrückt sein, wenn er die Schlechtigkeit seines Tuns erkennt.
>
> Wer viel Gutes tut und denkt, der wird darüber Freude empfinden, in dieser Welt, wie in der nächsten.
> Er wird Freude empfinden und beglückt sein, wenn er die Reinheit seines Tuns erkennt.
>
> Wer viel Übles denkt und tut, der wird dadurch Leid erfahren, in dieser Welt, wie in der nächsten. Er wird leiden an der Erinnerung, und noch viel mehr, wenn er auf den leidvollen Weg gelangt.
>
> Wer viel Gutes tut und denkt, der wird dadurch Freude erfahren, in dieser Welt, wie in der nächsten. Er wird sich freuen an der Erinnerung, und noch viel mehr, wenn er auf den glücklichen Weg gelangt.

DAS DHAMMAPADA – VERSE 15–18, KAPITEL 1, „DIE WAHL"

Solange wir als Individuen nicht verstehen, dass absichtliches Handeln aus unserem Bedürfnis entsteht, Ergebnisse erzielen zu wollen, werden wir ewig leiden – wie dieser kurze Text veranschaulicht:

> Nun, was denkt ihr? Was ist größer, der Fluss der Tränen, die ihr auf dieser langen Reise vergießt – im immerwährenden Kreislauf von Geburt und Tod, weinend und heulend aufgrund des Bundes mit dem Ungewollten oder der Trennung vom Gewollten –, oder die vier gewaltigen Ozeane?
>
> *Herr, wenn wir die Lehren des Erhabenen richtig verstanden haben, ist der Fluss der von uns vergossenen Tränen größer als die vier gewaltigen Ozeane.*
>
> Gut gesagt! Gut gesagt! Und was ist die Ursache dafür?
>
> *Bei Wesen, die durch Unwissen behindert, durch Verlangen gebunden und in diesem ewigen Kreislauf aus Geburt und Tod gefangen sind, kann man keinen Anfang erkennen.*

SUTTA-NIPATA (IM KHUDDAKA-NIKAYA)

Ist dieser Kausalzusammenhang jedoch erst erkannt und Gewahrsein an den Platz der Unwissenheit getreten, bietet sich eine große Chance: absichtsfreies Handeln.

> Der Todeskönig kann den nicht berühren, der die Welt als Trugbild ansieht.
>
> DAS DHAMMAPADA – VERS 170, KAPITEL 13, „DIE WELT"

> Komm, schau dir diese Welt doch an, glänzend wie der Wagen eines Herrschers, woran sich nur unwissende Toren erfreuen. Doch wer sich an nichts hängt, der versteht.
>
> DAS DHAMMAPADA – VERS 171, KAPITEL 13, „DIE WELT"

> Wer früher übel gehandelt hat und dies jetzt überwindet, der leuchtet über diese Welt, so wie der wolkenlose Mond.
>
> DAS DHAMMAPADA – VERS 173, KAPITEL 13, „DIE WELT"

> Selbst die Götter beneiden den Erleuchteten und in Meditation Vertieften, der frei von Verlangen ist.
>
> DAS DHAMMAPADA – VERS 181, KAPITEL 14, „DER ERWACHTE"

> Leiden existiert, aber kein Leidender, Taten, aber keine Täter, das Nirwana, aber kein Mensch, der es betritt, der Pfad, aber kein Reisender, der auf ihm zu sehen ist.
>
> AUS DEM *VISUDDHI-MAGGA* („WEG DER REINHEIT") VON BUDDHAGHOSA

Die drei Daseinsmerkmale

Die „drei Daseinsmerkmale" sind Vergänglichkeit (*annica/anitya*), Leiden (*dukkha/duhka*) und Nicht-Seele, Nicht-Selbst oder Nicht-Ich (*anatman/anatta*). Die als Tri-laksana (*ti-lakkhana*, P.) bekannten „Dharma-Siegel" oder „drei Merkmale aller erfahrenen Phänomene" werden zuweilen von einem vierten – Nirwana – ergänzt.

Die Daseinsmerkmale spiegeln die buddhistische Weltsicht wider, dass nichts im Universum – egal wie klein oder groß es ist, aus welchen Bestandteilen es besteht oder wie beständig es erscheinen mag – immer gleich bleibt. Alles ist in ständiger Veränderung, im Fluss. Vergänglichkeit und Nicht-Ich gibt es bei allen Dingen des Universums – Leiden bei denen, die Sinne, Bewusstsein oder Gefühle haben.

Der entscheidende Irrtum der Menschen besteht darin, dass die Dinge für sie eine letzte beständige Wirklichkeit besitzen, wertvoll und bedeutend sind. Diese Verblendung ist besonders dann relevant, wenn es zum „Ich", zur eigenen Identität, dem (hohen oder geringen) Selbstwertgefühl, zur Individualität, den eigenen Werten usw. kommt. Viele würden zwar leugnen, dass sie an eine Seele oder weiterbestehende Identität glauben, sie verhalten sich aber so. In den meisten Religionen findet sich der Glaube an eine letzte Einheit, die nach dem Tod weiterlebt. Auf Deutsch wird sie Seele genannt (Sanskrit *atman*: *an* heißt „nicht", *anatman* „keine Seele").

Die frühvedische Religion ging davon aus, dass der Gegenstand religiöser Bemühungen in der Vereinigung der individuellen Seele (*atman*) mit dem Brahman oder Gott bestand. Die Lehre des Buddha braucht dagegen keinen Schöpfergott oder ersten Motor, kein letztes höchstes Wesen, mit dem es sich zu vereinigen gilt. Im Gegenteil: Um die Wirklichkeit zu enthüllen, muss man

sich selbst und den Wunsch nach Vereinigung vergessen. Zur Befreiung ist kein Gott nötig.

Im Dharma stehen Weisheit, Mitgefühl, Disziplin. Glaube, Bescheidenheit, Hingabe, Gehorsam und das Überwinden der Angst vor dem Tod an erster Stelle.

All diese Tugenden gibt es zwar auch in anderen Religionen, aber dies nur neben dem Glauben an eine Gottheit. Die nicht-theistische Natur des Buddhismus ist in der Praxis jedoch unbedeutend, ist doch das Spekulieren über einen Schöpfergott zum Erlangen der Freiheit irrelevant. Das Festhalten an starren Konzepten wird sogar als Hindernis betrachtet. Die Dharmalehren lassen sich anhand ihrer Praxis überprüfen, und obwohl das menschliche Gehirn gerne Gegensätze aufbaut wie Wissenschaftsglaube versus Offenbarungsreligion mit Schöpfergott, kümmert den Buddhismus nichts davon. Das Erforschen findet bei den Dharmaanhängern in der Welt der inneren Verwirklichung statt – ganz gleich, ob diese rational ist oder nicht.

Die Vorstellung, dass es eine wesenshafte Beständigkeit gibt und Dinge dauerhaft existieren, führt zu Anhaftung, und dies wiederum zu Zorn, Gier, Verblendung, Krieg und Feindseligkeit. Anhaftung betrifft nicht nur Dinge, sondern auch Riten und Ideen, besonders davon, „wie wir uns benehmen“ oder wie die Dinge „sein sollten“. Dies führt dazu, dass einem manche Gefühle und Gedanken verboten, andere stattdessen abverlangt werden. Im Laufe der Geschichte mussten viele Menschen sterben, weil jemand dachte, dass sie sich in einer bestimmten Art verhalten oder an bestimmte Dinge glauben sollten.

Egal ob Vollendete in die Welt treten oder nicht, bleibt es doch eine Bedingung, eine unumstößliche Tatsache und ein festes Gesetz, dass alle Erscheinungen vergänglich sind, dass sie alle von Leiden begleitet werden und alles ohne ein Selbst besteht.

AUS DEM LAKKHANA-SUTTA
(ANGUTTARA-NIKAYA)

Die prächtigen Wagen der Herrscher zerfallen, und auch dein Körper nähert sich rasch dem Verfall. Doch der Weg der Edlen Menschen verfällt nicht, denn die Edlen belehren die Edlen.

DAS DHAMMAPADA – VERS 151, KAPITEL 11:
DAS ALTERN

In der Frühlingslandschaft gibt es kein besser und schlechter.
Die blühenden Äste sind – manche lang, manche kurz – einfach da.

AUS DEM *ZENRIN KUSHŪ* VON EICHO
(1429–1508)

Erwecke den Geist, der nirgendwo verweilt und nirgends festhält.

AUS DEM DIAMANT-SUTRA

Vergänglichkeit

Das menschliche Leid entsteht durch die Vergänglichkeit, der alles, was existiert, unterliegt. Versteht man dies, ist auch die Erleuchtung möglich.

> Vergänglichkeit ist das Entstehen, Vorbeiziehen und Verändern von Dingen oder das Verschwinden von bereits Gewordenem oder Entstandenem. Die Dinge bestehen daher nie in der gleichen Art weiter, sie verschwinden, ändern sich und lösen sich von Augenblick zu Augenblick auf.
>
> AUS DEM *VISUDDHI-MAGGA*
> („WEG DER REINHEIT") VON BUDDHAGHOSA

Durch die Vergänglichkeit entsteht Leiden, Alter, Krankheit und Tod. Da alle Erscheinungen der Veränderung unterliegen, wird selbst das augenscheinlich Dauerhafte irgendwann verschwinden. Doch auch das Sonnensystem, wir selbst und alles, was wir kennen, existieren nur aufgrund der Vergänglichkeit. Der Algorithmus der natürlichen Selektion basiert auf der Anpassungsfähigkeit existierender Formen. Ohne Veränderung würde es keine Evolution, keine fühlenden Wesen und auch keine Probleme geben.

Das Bild des „blinden Uhrmachers", das manche Zoologen für die natürliche Selektion durch den Egoismus der Gene anführen, passt eigentlich recht gut zum Dharma, in dem der Elan vital als starke Kraft anerkannt wird. Das Unwissen (*avidya*) der Menschen über die wahre Natur der Dinge, ihr immanentes Verlangen nach Essen, Obdach und Fortpflanzung, nach Anerkennung und Genuss, hat jedoch – falls nicht vollkommen bewusst gelebt – schwerwiegende Konsequenzen.

Die Lösung liegt im Vertrautmachen mit der Vergänglichkeit in allen ihren Formen, vor allem aber mit der des Körpers, der Empfindungen, der Wahrnehmung, der Willenstätigkeit und der Bewusstheit – der fünf skandhas (*khandhas*, P., deutsch „Anhäufungen"). Sowie im meditativen Erleben der Vergänglichkeit im Entstehen und Verenden aller Phänomene. *Anicca-sanna* bezieht sich auf die kognitive Fähigkeit, jederzeit sagen zu können: „Das ist Vergänglichkeit" und zu wissen: „Das ist Vergänglichkeit".

> Selbst wenn wir mit einem gläubigen Herzen
> im dreifachen Juwel – dem Buddha, den Lehren
> [Dharma] und der Gemeinschaft [Sangha] – Zuflucht
> suchen oder einen Geist voller liebender Güte
> entwickeln, so ist es doch um einiges lobenswerter,
> auch nur einen Moment sich in der Wahrnehmung
> der Vergänglichkeit zu üben.
>
> ANGUTTARA-NIKAYA

Hat man die Vergänglichkeit erst verstanden, kann man sich auch an der Veränderung erfreuen und – im Sinne von „jeder Tag ist ein neuer Tag" – mit ihr gehen:

> Ruhig sitzen, nichts tun.
> Der Frühling kommt und das Gras wächst von allein.
>
> AUS DEM *ZENRIN KUSHU* VON
> EICHO (1429–1504)

Es geht vorbei

Diese überlieferte Geschichte handelt vom Wesen der Zeit, von Vergänglichkeit und davon, wie wichtig es ist, Geduld zu haben. Es heißt, der König habe die im goldenen Band versteckte

Botschaft wirklich verstanden und oft die Innenseite seines Rings betrachtet. Gefühle und Leben gehen wie die Wellen des Ozeans vorbei und dauern nur einen Moment.

Es war einmal ein großer König, in dessen Reich ein großer Juwelier lebte. Seine Arbeit war so fein und kunstvoll, dass man ihm nachsagte, die Götter kämen nachts in seine Werkstatt und machten die Waren.

Der König bestellte den Juwelier an den Hof und befahl ihm, das beste Stück zu fertigen, zu dem er fähig war. Er sollte dabei keine Kosten scheuen, denn es war ein Geschenk für die Königin. Der Monarch wartete und wartete. Schließlich verlor er die Geduld und ließ den Handwerker rufen, damit er die Verzögerung erkläre. Dieser kam und sagte, dass dies die feinste und wertvollste Arbeit sei, die er je begonnen habe, und er mehr Zeit brauche. Widerwillig stimmte der König zu und befahl ihm, beim nächsten Vollmond wiederzukommen, diesmal jedoch mit dem fertigen Stück.

Es wurde Vollmond und der König wartete gespannt darauf, das Werk nun endlich begutachten zu können. Entsprechend groß war seine Enttäuschung, als der Juwelier ihm nur ein einfaches Goldband präsentierte. Verärgert griff der König nach dem Schwert, bereit, dem Juwelier den Kopf abzuschlagen, als der verzweifelte Mann rief: „Wartet, mein Herr, seht in die Innenseite". Dort stand nämlich in herrlichen Edelsteinen geschrieben: „Es geht vorbei".

Der König verstand die Botschaft, die ihm große Ausgeglichenheit gab, und war hocherfreut über den Ring.

Leiden

Das Pali-Wort *dukkha* (Leiden) hat kein wirkliches Äquivalent im Deutschen. Die Übersetzungen reichen von „Unbefriedigtsein" bis zu „Stress" oder „Anfälligkeit zu leiden" im Sinne von: „Selbst Gutes kommt zu einem Ende". Mit der Erleuchtung verschwindet das Leiden nicht ganz; doch die Lehre des Buddha dient als Leitfaden, das Leiden zu beseitigen, das aufgrund des falschen Glaubens an ein „Ich" oder ein Konzept der Beständigkeit entsteht.

Entscheidend ist dabei das Wissen darum, dass nichts dauerhaft Befriedigung schafft. Wenn wir das Leiden als solches akzeptieren, wird das Leben um einiges einfacher. Durch die Erleuchtung können wir mit dem Leiden leben und sein Wesen verstehen. Das Leiden kann sogar zu einem „Freund" werden, der uns vor Gefahren warnt. Wenn wir das Leiden in uns ganz verstehen, können wir auch seine wirkliche Funktion begreifen, statt dagegen anzukämpfen. Gegen das Leiden zu kämpfen, ist selbst eine Form des Leidens.

> Die Suche nach Befriedigung in der Welt bestimmte meinen Weg, ihr Mönche. Diese Befriedigung fand ich. Insofern Befriedigung in der Welt existiert, habe ich sie durch Weisheit erlangt. Die Suche nach dem Elend bestimmte meinen Weg, ihr Mönche. Dieses Elend fand ich. Insofern Elend in der Welt existiert, habe ich es durch Weisheit erlangt. Die Suche nach der Flucht vor der Welt bestimmte meinen Weg, ihr Mönche. Diese Flucht fand ich. Insofern eine Flucht vor der Welt existiert, habe ich sie durch Weisheit erlangt.

ANGUTTARA-NIKAYA

„Nicht-Ich“

Was den Buddhismus von anderen Religionen und Philosophien unterscheidet, ist das Fehlen von Konzepten wie Person, Seiendes, „mein Leben“, Entität oder Persönlichkeit. Statt einer solch festen Entität, einer Seele oder einem Ich gibt es nur die Wahrnehmung des Augenblicks. Wer an eine Person, ein Seiendes, ein Leben, eine Entität oder Persönlichkeit glaubt, ist verblendet und der falsche Glaube an dieses individuelle Selbst (*drshti/sakkaya-ditthi*) ist die erste der „zehn Fesseln“. Die anderen sind Zweifel, Anhaften an Regeln und Riten, Sinneslust, Hass, Streben nach körperlichem und unkörperlichem Dasein, Dünkel, Aufgeregtheit und Unwissenheit.

Der Persönlichkeitsglaube wurde zum Mittelpunkt der Mahayana-Lehre. Gut zu sehen ist dies im Diamant-Sutra, besonders wenn der Buddha in den Lehren des „großen Weges“ diese Predigt hält:

> Alle Lebewesen müssen – gleich, ob aus dem Ei geschlüpft, in der Gebärmutter herangereift, aus einem Fischlaich oder durch Metamorphose entstanden, ob von höherer Intelligenz oder natürlichen Instinkten – aufgrund der Veränderlichkeit des Seins nach dem transzendentalen Konzept des Nirwana suchen. Ihr sollt jedoch befreit werden aus dieser unermesslichen, unzähligen und unbegrenzten Welt des empfindungsfähigen Lebens, von der wir befreit werden wollen. Und warum? Da im Geist von erleuchteten Schülern ein solch willkürliches Konzept der Phänomene wie Entität, Seiendes, Lebewesen oder Persönlichkeit zu existieren aufgehört hat.

DAS DIAMANT-SUTRA

Mit „Nicht-Ich" lässt sich vielleicht am besten dieses vollkommene In-Einklang-mit-dem-Moment-Sein beschreiben, wenn wir zum Beispiel ganz in etwas versunken sind. Das Gegenteil davon ist ein unbehagliches, verlegenes, ängstliches oder peinliches Gefühl. Ganz offensichtlich ist das „Ich" anwesend, wenn wir uns über etwas ärgern und beim Verlust einer geliebten Person werden wir uns dieses „Ich" oder „mein" schmerzlich bewusst.

Aus buddhistischer Sicht ist es ein Fehler, verschiedenen kognitiven Funktionen eine Existenz als Einheit zuzuschreiben. Das freudsche „Ego" ist nicht mit dem buddhistischen „Ich" zu verwechseln. Das Ego ist ein Element in einer Theorie über den Aufbau der menschlichen Psyche – aus buddhistischer Sicht ist eine solche falsche Illusion eine Form des Anhaftens.

Diese Lehre findet sich im Anattalakkhana-Sutta, der Predigt über die Eigenschaft des Nicht-Ich. Der Buddha hielt sie, als er nach seiner Erleuchtung auf seine früheren Begleiter traf:

> Der Körper ist nicht das Selbst, das Empfinden ist nicht das Selbst, Wahrnehmungen und bewusste Handlungen sind nicht das Selbst, daher, Brüder, ist jeder Körper – ob vergangen, gegenwärtig oder zukünftig, innerlich oder äußerlich, grob oder fein, niedrig oder hoch, nah oder fern – so anzusehen: „Das gehört mir nicht, das bin nicht ich, das ist nicht mein Selbst."

AUS DEM ANATTALAKKHANA-SUTTA
(SAMYUTTA-NIKAYA)

Am Anfang der Wahrheitssuche (des Dharma) denken wir, wir sind sehr weit davon entfernt. Entdecken wir dann, dass die Wahrheit bereits in uns ist, sind wir plötzlich wir selbst. Wenn wir das Ufer vom Boot aus sehen, scheint sich das Ufer zu bewegen. Sehen wir das Boot an, wissen wir, dass sich das Boot bewegt.

Wenn wir die Welt mit verblendetem Körper und Geist betrachten, halten wir uns für unvergänglich. Kehren wir durch richtige Übung jedoch zu unserem wahren Selbst zurück, sehen wir, dass nichts unvergänglich ist.

AUS DEM „*GENJOKOAN*“:
DIE OFFENBARUNG DER WAHRHEIT
IM *SHOBOGENZO* VON DOGEN (1200–1253)

Die Auswirkungen des „Nicht-Ich“ sind tiefgreifend, vergeuden die Menschen doch viel Zeit und Energie damit, „Ich“ und „mein“ mit Sinn zu füllen. Dieser hat – wie Psychologen bestätigen werden – meist wenig damit zu tun, wie man wirklich ist, sondern dient mehr dem Aufbau von Stolz und narzisstischer Selbstliebe. Die Menschen klammern sich an Genuss, seltsame Ideen und Riten aller Art und glauben, dass diese ihnen ihre Ängste nehmen. Am meisten halten sie jedoch an der Idee fest, es gäbe so etwas wie ein unvergängliches „Ich“.

Kisa Gotami und das Senfkorn

In Savatthi lebte einst Kisa Gotami. Sie war die Frau eines reichen Mannes und brachte eine wunderschöne Tochter zur Welt, die sie sehr liebte. Eines Tages starb das kleine Mädchen plötzlich und Kisa Gotami verzweifelte in ihrer Trauer. Niemand von ihrer Familie, ihren Freunden oder Nachbarn konnte sie trösten und sie wollte das tote Kind nicht loslassen.

Eines Tages kam der Buddha nicht weit von ihrem Haus vorbei und als Kisa Gotami dies erfuhr, eilte sie zu ihm. Sie fragte ihn, wie sie ihr Kind zurückgewinnen könnte. Der Buddha, der die Situation sofort erfasste, sagte Kisa Gotami, sie solle ein Senfkorn aus einem Haus bringen, in dem noch nie jemand gestorben war.

Zur Zeit des Buddha gab es in jedem Haus Senfkörner in der Küche zum Kochen, Kisa Gotami machte sich also voller Hoffnung auf die Suche. Am ersten Haus angekommen fragte sie: „Habt ihr ein Senfkorn für mich? Wenn ihr es mir gebt, wird meine Tochter vom Buddha zum Leben erweckt."
Sie antworteten: „Ja, natürlich. Ich hole schnell eins, sodass deine Tochter zum Leben zurückkehrt."

Der Hausvater wollte schon losstürmen, als Kisa Gotami noch rief: „Nur eine Sache: In diesem Haus darf niemand gestorben sein."

Der Hausvater machte nun ein trauriges Gesicht: „Es tut mir leid, Kisa Gotami, aber meine Mutter starb letztes Jahr hier."

Unverzagt ging Kisa Gotami zum nächsten Haus. Am Abend kehrte sie ohne Senfkorn zum Buddha zurück. Sie hatte kein Haus finden können, in dem niemand gestorben war. Die Augen des Buddha waren voller Tränen, als er sie tröstete und ihr die Natur der Sterblichkeit erklärte. Am Ende konnte sie den toten Leichnam ihrer Tochter und damit auch die Last, die wir alle tragen – die Last des „Ich" – ablegen.

AUS DEM THERIGAHTHA (KHUDDAKA-NIKAYA)

Es heißt: „Der Lebenden sind wenige, der Toten viele." Die Lehren des Buddha bringen aber Hoffnung: Wer seinen Spuren folgt, wird die „Todlosen" treffen.

SAMYUTTA-NIKAYA

Besser als hundert Jahre zu leben, ohne die Vergänglichkeit zu sehen, ist ein einziger Tag des Erkennens, wie alle Dinge entstehen und vergehen.

Besser als hundert Jahre zu leben, ohne das Todlose zu sehen, ist ein einziger Tag des Erkennens, was jenseits ist von Leben und Tod.

DAS DHAMMAPADA – VERSE 113 UND 114,
KAPITEL 8, „DIE TAUSEND"

Die drei Feuer

Die Lehren vom „bedingten Entstehen" (Kausalkette) und den „drei Daseinsmerkmalen" sind allgemein gültig. Die „drei Feuer" –Begehren, Zorn und Verblendung (*trsna/lobha, raga/dosa, avidya/moha*) – beziehen sich hingegen auf das Individuum. Diese manchmal auch „Leidenschaften", „drei Gifte" oder in der südlichen Tradition „unheilvolle Wurzeln" genannten „Feuer" werden vom Körper (was wir tun), von der Sprache (was wir sagen) und dem Geist (was wir denken) ausgeführt und ausgedrückt. Existieren können sie nur in der Anwesenheit des „Ich" oder „mein". Wer dem Weg des Buddha folgt, verändert diese Feuer, fand doch die Befreiung oder Erleuchtung des Buddha gerade mit der Auflösung des „Ich" statt. Als ihn alle Ängste verlassen hatten, war er auch nicht mehr an die „Feuer" gebunden. Die Menschen müssen sich dieser drei Feuer bewusst werden, da sie die größte Quelle für das eigene Leid wie das Leid der anderen sind. Ein anonymer Zen-Spruch sagt: „Je größer die Leidenschaft, desto größer der Buddha." Damit erkennt er an, dass die Leidenschaft die Energiequelle für die Wandlung zur Buddha-Natur ist. In manchen Religionen werden die „Feuer" unterdrückt, als Sünden deklariert und – durch die Androhung der Verdammung – zum Fundament für Ängste, Schuldgefühle und niedriges Selbstbewusstsein. Im Buddhismus gilt ihre Existenz hingegen als unvermeidlich, solange auch nur der geringste Ansatz von Selbstsucht, Selbstbewusstsein oder Eigensinn vorliegt. „Absichtliches Handeln" beschreibt alle Karma erzeugenden Handlungen. Absichtlich

meint hier das Bedürfnis, die Dinge „auf seine Art" zu machen, statt sich „dahinfließen zu lassen", wie dies bei einem nicht länger dominanten „Ich" spontan passiert.

Alle Schulen des Buddhismus konzentrieren sich auf die Verwandlung dieser engen Selbstsucht. Die „Feuer" drücken sich aus durch Anhaftungen – am Ruf, an der Arbeit, dem Status usw. Die Menschen bekommen ein Gefühl dafür, wer sie sind, wenn sie sich mit etwas identifizieren. Da die „Feuer" oder „Leidenschaften" Teil der menschlichen Natur sind, können sie nur gezähmt, nicht aber unterdrückt werden. Die so geschulten und gemilderten Energien können zu den nobelsten Taten und höchster Verfeinerung führen.

> „Alles habe ich überwunden und alles erkannt, an nichts mehr haftend und durch nichts befleckt. Alles habe ich losgelassen, und alles Verlangen ist versiegt, erlöst bin ich und frei. Aus mir selbst heraus habe ich dies erkannt. Wen sollte ich meinen Lehrer nennen?"
>
> DAS DHAMMAPADA – VERS 353, KAPITEL 24, „DAS VERLANGEN"

> Wer ein starker, edler Held ist, ein großer und siegreicher Weiser, wer ein reiner, vollendeter Buddha ist, den nenne ich einen Heiligen.
>
> DAS DHAMMAPADA – VERS 422, KAPITEL 26, „DER BRAHMANE UND DER HEILIGE"

> Es gibt kein Feuer so wie die Gier, es gibt keine Fessel so wie den Hass, es gibt kein Netz so wie die Verblendung, es gibt keinen Strom so wie das Verlangen.
>
> DAS DHAMMAPADA – VERS 251, KAPITEL 18, „DIE VERUNREINIGUNGEN"

… Grabt die Wurzel eures Verlangens aus, so wie die duftende Wurzel des Birana-Grases. Auf dass ihr nicht immer wieder wie Schilf gebrochen werdet vom reißenden Strom Maras.

DAS DHAMMAPADA – VERS 337, KAPITEL 24, „DAS VERLANGEN"

Wenn du das Elend bringende Verlangen bezwingst, das schwer zu Überschreitende in dieser Welt, so fallen alle Sorgen von dir ab, wie vom Lotosblatt die Wassertropfen.

DAS DHAMMAPADA – VERS 336, KAPITEL 24, „DAS VERLANGEN"

Gib den Ärger auf und den Stolz, befreie dich von allen Fesseln. Wenn du nicht mehr an Geist und Körper haftest, dann gehst du jenseits des Leidens.

DAS DHAMMAPADA – VERS 221, KAPITEL 17, „DER ÄRGER"

Der Bauer leitet Wasser auf sein Feld, der Pfeilmacher schnitzt seine Pfeile, der Zimmermann bearbeitet sein Holz und der Weise bezähmt seinen Geist.

DAS DHAMMAPADA – VERS 145, KAPITEL 10,
„DIE GEWALT"

Wie der auf dem Eisen entstandene Rostfleck sich dort einfrisst, zerstören den Übeltäter seine eigenen Taten.

DAS DHAMMAPADA – VERS 240, KAPITEL 18,
„DIE VERUNREINIGUNGEN"

Das Geschenk des Dhamma [Gesetz] übertrifft jedes andere Geschenk. Der Geschmack des Dhamma übertrifft jeden anderen Geschmack. Die Freude des Dhamma übertrifft jede andere Freude. Das Versiegen des Verlangens überwindet alles Leiden.

DAS DHAMMAPADA – VERS 354, KAPITEL 24,
„DAS VERLANGEN"

… Begierde, Feindseligkeit und falsche Ansichten – diese Dinge ergeben sich aus Gier, Hass oder Verblendung.

ANGUTTARA-NIKAYA

Gegen die Lust wirkt die Wahrnehmung von Unreinheit, gegen den Hass das Pflegen von Liebe und Freundlichkeit, gegen die Verblendung das Pflegen der Weisheit.

ANGUTTARA-NIKAYA

Von der Lust (Gier) verzaubert, von Hass erzürnt, von Verblendung getäuscht, überwältigt und mit einem gefangenen Geist strebt der Mensch nach seinem und dem Ruin der anderen, ihrer beider Ruin, erleidet geistigen Schmerz und Trauer. In Taten, Worten und Gedanken folgt er üblen Wegen … Er kennt weder sein eigenes Wohl noch das der anderen noch beider Wohl. Dies macht ihn blind und unwissend, behindert seine Erkenntnis, ist schmerzhaft und führt ihn nicht zum Frieden.

ANGUTTARA-NIKAYA

Verblendung wird häufig Unwissen genannt und gilt als die am schwersten zu beseitigende Wurzel. Trotzdem ist es keine erste Ursache, hängt ihre Entstehung doch selbst von bestimmten Umständen ab.

Du selbst musst dich voller Energie bemühen, denn die Buddhas zeigen nur den Weg. Wer diesem Weg folgt und meditiert, wird sich von den Fesseln der Verblendung befreien.

DAS DHAMMAPADA – VERS 276, KAPITEL 20, „DER WEG"

… solange wir Menschen sind, können wir dem Karma nicht entfliehen … da wir Karma sind.

Letzteres folgt uns wie der eigene Schatten überallhin. Entfliehen können wir ihm, indem wir es übersteigen. Normalerweise sind wir uns der Karma-Bindung erdrückend bewusst. Dies drückt sich in dem spirituellen Bedürfnis aus, über uns hinauszugehen oder Gott durch unser eigenes Perfektionieren und Reinigen näher zu kommen, wenn dies möglich ist.

AUS DEM VORTRAG „DIE ESSENZ DES BUDDHISMUS", GEHALTEN 1946 VON DAISETZ TEIARO SUZUKI

Alle, die auf der Suche nach dem WEG sind, erkennen nicht, was das Selbst in Wahrheit ist.
Das liegt daran, dass sie nur den relativen Geist erkennen,
den Ursprung unserer ewigen Seelenwanderung.
Törichte Menschen halten dies für das wahre ursprüngliche Selbst.

AUS DEM *MUMONKAN* („DAS TORLOSE TOR")
VON MUMON EKAI (1183–1260)

Wenn du den WEG erreichst, sind alle Dinge wie von einer großen Familie.
Wenn nicht, ist alles getrennt, unverbunden. Wenn du den WEG nicht erreichst, sind alle Dinge wie von einer Familie [die Wirklichkeit ist unberührt].
Und wenn du den WEG erreichst, unterscheidet sich jedes Ding von allen anderen.

AUS DEM *MUMONKAN* („DAS TORLOSE TOR")
VON MUMON EKAI (1183–1260)

Die Feuerpredigt

Diese – seine dritte – Lehrrede hat der Buddha vor konvertierten Anbetern des heiligen Feuers gehalten. Der Buddha hielt das alte Ritual für nutzlos und forderte sie auf, es durch etwas Bedeutenderes zu ersetzen. Die „Fundamente ihrer Sinne“ würden vor Begehren, Zorn und Verblendung brennen, wie alle anderen aus diesen entstandenen geistigen Phänomene. Erst bei Aufhebung dieser Verblendung sei Freiheit möglich.

So habe ich es vernommen: Der Erhabene lebte einst mit tausend Mönchen in Gayasisa. Dort sprach er zu ihnen:

Alles brennt, ihr Mönche. Doch was ist „alles"?

Das Auge brennt, die gesehenen Gestalten brennen, das Bewusstsein des Gesehenen brennt, Berührungen mit dem Gesehenen brennen. Zudem brennt alles, was ein angenehmes, schmerzhaftes oder neutrales Gefühl durch die Bedingung des Augenkontakts hervorruft. Wodurch brennt es? Durch das Feuer der Lust, das Feuer des Hasses, das Feuer der Verblendung brennt es. Durch Geburt, Alter und Tod, Kummer, Jammer, Schmerz, Trauer und Verzweiflung, so sage ich.

Das Ohr brennt, die Töne brennen …
Die Nase brennt, die Gerüche brennen …
Die Zunge brennt, die Geschmäcke brennen …
Der Körper brennt, die berührbaren Dinge brennen …

Der Geist brennt, die Gedanken brennen, das Denkbewusstsein brennt, die Denkberührung brennt. Zudem brennt alles, was ein angenehmes, schmerzhaftes oder neutrales Gefühl durch die Bedingung der Denkberührung hervorruft.

Wodurch brennt es? Durch das Feuer der Lust, das Feuer des Hasses, das Feuer der Verblendung brennt es. Durch Geburt, Alter und Tod, Kummer, Jammer, Schmerz, Trauer und Verzweiflung, so sage ich.

Ihr Mönche, wenn ein edler Anhänger, der (die Wahrheit) gehört hat, dies sieht, wird er am Auge, an den Gestalten, am Sehbewusstsein und Augenkontakt Ernüchterung finden, und an all dem, was durch die Bedingung des Augenkontakts entsteht und ein angenehmes, schmerzhaftes oder neutrales Gefühl hervorruft, ebenfalls Ernüchterung finden.

Er wird am Ohr … an den Tönen Ernüchterung finden …
Er wird an der Nase … an den Gerüchen
Ernüchterung finden …
Er wird an der Zunge … an den Geschmäcken
Ernüchterung finden …
Er wird am Körper … an den berührbaren Dingen
Ernüchterung finden …

Er wird am Geist, den Gedanken Ernüchterung finden,
am Denkbewusstsein, an der Denkberührung und an
all dem, was durch die Bedingung der Denkberührung
entsteht und ein angenehmes, schmerzhaftes oder
neutrales Gefühl hervorruft,
ebenfalls keine Verführung mehr finden.

Sobald er ernüchtert ist, verblasst auch die Leidenschaft. Und mit dem Verblassen der Leidenschaft wird er befreit. Durch die Befreiung weiß er: „Ich bin frei", und versteht: „Vernichtet ist die Geburt, das gesamte Leben ist verlebt, das zu Tuende getan, es gibt nichts mehr darüber hinaus."

Dies sagte der Erhabene. Die Mönche waren glücklich und stimmten seinen Worten zu. Während seiner Ausführungen wurden die Herzen der tausend Mönche vom Klammern befreit.

ADITTA-SUTTA
(SAMYUTTA-NIKAYA)

Lass dich nicht täuschen

Durch das „Brennen" unseres Begehrens sehen wir nur das, was wir sehen wollen. Unsere Wahrnehmung zeigt uns Sorgen statt der Wirklichkeit. In diesem aus Tibet überlieferten Märchen zeigt sich das „Feuer" als Unwissen oder Blindheit. Der Nomade hat den Tod seines Vaters nicht überwunden, seine Frau sieht eine Rivalin und ist eifersüchtig. Die Alte sieht sich selbst und weiß es nicht.

Ein Nomade lebte mit Frau und Schwiegermutter in den Bergen. Seine Eltern waren tot. Eines Tages musste er ins Dorf, um Vorräte zu besorgen. Er kam zu einem Laden, der unter anderem Spiegel verkaufte. Da er noch nie einen gesehen hatte, sah er in ihm das Bild seines toten Vaters. Er rannte in den Laden, kaufte ihn und verbarg ihn – im Glauben, dass er Magie sei – in seiner Tasche. Wieder zu Hause holte er den Spiegel jeden Abend heraus und betrachtete das, was er für seinen Vater hielt. Seine Frau sah ihn dabei und wunderte sich, was er vor ihr verbarg. So durchsuchte sie seine Tasche, während er sich draußen um die Herden kümmerte, und fand den Spiegel. Sie starrte hinein und sah eine wunderschöne junge Frau. Daraufhin schrie sie sofort: „Dieser Schurke von Ehemann hat eine neue Freundin." Ihre Mutter sagte: „Gib her, ich bin sicher, ich weiß, wer sie ist." Sie nahm den Spiegel, sah hinein und sagte: „Bist du verrückt? Das ist doch ein Bild von einem alten Weib, da hast du nichts zu befürchten."

Der Mittlere Pfad

Der Mittlere Pfad (*madhyama-pratipad* S., *majjhima-patipada* P.) – oder Mittlere Weg – war die erste Lehrrede des Buddha nach seiner Erleuchtung. Er hielt sie vor den fünf Schülern, die ihn aufgrund seiner vermeintlichen Hingabe an den Luxus verlassen hatten. Als Teil des sogenannten „Lehrstücks vom Anwerfen des Rades der Lehre" (Dhammacakkappavattana-Sutta im Samyutta-Nikaya) geht sie den Vier Edlen Wahrheiten und dem Edlen Achtfachen Pfad voraus. Die Textpassage beeinflusste wie keine andere die Entwicklung des Buddhismus – von den frühesten Lehren bis hin zu den ausgereiften Texten der Mahayana-Schulen – und enthält schon alle später weiterentwickelten Lehren.

Sich selbst dem Genuss der – niederen, gemeinen, gewöhnlichen, unedlen, heillosen – sinnlichen Freuden hinzugeben oder aber – der schmerzlichen, unedlen, heillosen – Selbstquälung sind zwei Extreme, durch deren Vermeidung der Vollendete den Mittleren Pfad gefunden hat, der sehend und wissend macht und zu Frieden, Einsicht und Erleuchtung führt: zum Nirwana.

Der Edle Achtfache Pfad führt zur Auslöschung des Leidens. Er besteht aus: rechter Anschauung [Erkenntnis], rechtem Denken, rechter Rede, rechtem Handeln, rechtem Lebenserwerb, rechter Anstrengung, rechter Achtsamkeit [Gewahrsein] und rechter Sammlung.

SAMYUTTA-NIKAYA

Der Buddha warnte die Mönche vor extremen Haltungen und hielt sie an, sowohl den sinnlichen Genuss als auch strengen Selbstverzicht oder Askese zu vermeiden. Man sollte das Leben in allen seinen Facetten umarmen und es voll und eindeutig leben, dies jedoch ohne davon verschlungen zu werden. Der richtige Pfad ist ein Mittelweg zwischen Materialismus und Nihilismus. Zwischen Sehnsüchten und Verlangen auf der einen Seite und Widerwillen und Abscheu auf der anderen ist die Leere. Dieser unbeschreibliche Zustand – der gänzlichen emotionalen Ruhe – heißt *sunyata* oder Nichtigkeit.

Im 2. Jahrhundert u. Z. wurde von Nagarjuna die Schule des Mittleren Weges – Madhyamika – ins Leben gerufen. Nagarjuna hatte großen Einfluss auf die Entwicklung des Mahayana-Buddhismus. Eine seiner zentralen Lehren ist die von den „zwei Wahrheiten" – einer relativen Wahrheit, in der meine/deine Wirklichkeit von den Dingen getrennt existieren, und der absoluten Wahrheit des Nirwana.

In der Madhyamika-Lehre steht der reine, makellose, freie Geist im Mittelpunkt. Das Ganze gleicht der von Wolken bedeckten Sonne. Sobald sich die Wolken auflösen, wird die Wirklichkeit sichtbar, die Sonne war aber die ganze Zeit da. Laut einer späteren Madhyamika-Ausführung namens Yogacara („Yoga-Praxis") gibt es sogar drei Wahrheiten und Bewusstsein ist die letzte Wirklichkeit.

Im Dharma gibt es keine Unterscheidungen.
Diese entstehen durch das Bedürfnis sich an dieses
oder jenes zu klammern.
Das Herz blendet sich selbst.
Ist das nicht der größte aller Fehler?
In der Verblendung gibt es Ruhe und Bewegung.
In der Erwachung weder Gefallen noch Widerwillen.
Alle Gegensätze sind das Produkt unserer eigenen
Torheit.
Träume, Trugbilder, Blumen in der leeren Luft.
Wozu der Aufwand, sie zu ergattern?

AUS DEM *HSIN-HSIN MING*
(„VOM GLAUBEN AN DEN GEIST"),
DEM PATRIARCHEN SOSAN
(GEST. 606) ZUGESCHRIEBEN

Wer alles Mögen und Nichtmögen aufgegeben hat, kühl geworden ist und wunschlos. Wer mutig diese ganze Welt überwunden hat, den nenne ich einen Heiligen.

DAS DHAMMAPADA – VERS 418, KAPITEL 26,
„DER BRAHMANE UND DER HEILIGE"

Wer um seine früheren Daseinsformen weiß, wer Himmel und Höllen klar erkennt,
wer das Ende der Gestaltungen erreicht hat, wer vollkommenes Verstehen verwirklicht hat, wer losgelöst lebt als ein schweigender Weiser, ein vollkommen Befreiter, den nenne ich einen Heiligen.

DAS DHAMMAPADA – VERS 423, KAPITEL 26,
„DER BRAHMANE UND DER HEILIGE"

Der erhabene Weg ist nicht schwer für den, der ohne Vorlieben ist.

AUS DEM *HSIN-HSIN MING*
(„VOM GLAUBEN AN DEN GEIST"),
DEM PATRIARCHEN SOSAN
(GEST. 606) ZUGESCHRIEBEN

Die Vier Edlen Wahrheiten

Es gibt keinen Ort, an dem wir frei von Geburt, Alter, Tod und Wiedergeburt sind. Dennoch sage ich nicht, ein Ende des Leidens sei unmöglich. Es kann hier und jetzt beendet werden.

ANGUTTARA-NIKAYA

In seiner ersten Predigt (s. Seite 99) nennt der Buddha die Vier Edlen Wahrheiten (*ariya sacca*, P.). Diese – wohl nachhaltigsten Worte seiner Lehre – beleuchten den Zustand der menschlichen Existenz und bieten eine Lösung: Das Leiden existiert. Es gibt eine Ursache für das Leiden. Die Ursache ist Begehren oder Verlangen. Zum Ende des Leidens führt der achtfache Pfad. Diese einfachen Aussagen sind „edel", da

sie den Ausübenden durch moralisches Handeln zu wahrem Adel führen, und nicht etwa zufällig durch Geburt. Zur Zeit des Buddha gab es in Indien vier Kasten oder *varnas*, in die die Menschen geboren wurden: Die Priesterkaste der Brahmanen stand ganz oben, danach kam die Kriegerkaste der Kshatriyas, die Händlerkaste der Vaishyas und die Kaste der Bediensteten, der Shudras. Der Buddha verstand Adel jedoch anders. Für ihn war es ein moralischer Zustand, den – wie Arhatschaft auch – jeder im Leben erreichen konnte.

Durch das Erkennen dieser Wahrheiten wurde der Buddha erleuchtet. Bei ihrer Formulierung ging es ihm nur darum, den Menschen ihr Leiden (oder Unzufriedenheit, *duhkha/dukkha*) zu nehmen. Die Vier Edlen Wahrheiten treffen nicht auf alles Leiden zu, nur auf dasjenige, das – aus Begehren entstanden – auch beseitigt werden kann.

Die erste Predigt

Die Vier Edlen Wahrheiten gaben dem Buddha den Beinamen „großer Arzt". Wie ein solcher betrachtete er nämlich die Symptome, in diesem Fall das menschliche Leiden, und bestimmte dann eine Ursache: das Begehren. Doch jeder Arzt verschreibt auch eine Behandlung: Schritte, die zum Überwinden der Krankheit und zum Gesundwerden notwendig sind. In diesem Fall ist die Heilmethode der Edle Achtfache Pfad. In der Mahayana-Tradition entwickelte sich dieser Aspekt des Buddha zum großen Medizin-Buddha. Dieser wird immer in Blau dargestellt und mit dem Lapislazuli, dem goldgefleckten blauen Halbedelstein in Verbindung gebracht.

Im Wildpark von Benares trug der Buddha die Vier Edlen Wahrheiten seinen Schülern vor, und zwar in dieser als „Erste Predigt" bekannten Ansprache:

… Dies, Brüder, ist die Wahrheit vom Leiden: Geburt ist Leiden, Alter ist Leiden, Krankheit ist Leiden, Sterben ist Leiden sowie Schmerz und Kummer, Leid, Jammern und Verzweiflung. Mit Unliebem vereint sein ist Leiden,
von Liebem getrennt sein ist Leiden. Nicht erlangen, was man begehrt, ist Leiden. Kurz: Die fünferlei Objekte des Ergreifens sind Leiden.

Brüder, dies ist nun die Wahrheit über die Entstehung des Leidens: Es ist das Verlangen, das zur Wiedergeburt führt, samt Freude und Lust, hier und dort seine Freunde findend: nach Empfinden, nach Werden, nach Vergänglichkeit. Dies, Brüder, ist die Wahrheit von der Entstehung des Leidens.

Und dies, Brüder, ist die Wahrheit von der Aufhebung des Leidens: das Aufheben des Verlangens durch Leidenschaftslosigkeit, es restlos zu vernichten, loszulassen, aufzugeben, sich von ihm zu befreien und nicht mehr danach zu streben.

Dies, Brüder, ist nun die Wahrheit vom Wege zur Aufhebung des Leidens. Das ist der Edle Achtfache Pfad, der da heißt: rechte Anschauung, rechtes Denken, rechte Rede, rechtes Handeln, rechter Lebenserwerb, rechte Anstrengung, rechte Achtsamkeit und rechte Sammlung.

SAMYUTTA-NIKAYA

Die Erste Edle Wahrheit

Die Erste Wahrheit ist eins der „drei Daseinsmerkmale" und besagt, dass Leid, Elend und Unzufriedenheit Teil des menschlichen Schicksals sind. Das heißt nicht, dass es nicht auch Vergnügen oder einfache Freuden gibt, doch diese gehen auch zu Ende und sind daher vorübergehend.

Der Buddha vergleicht Vergnügen mit „Honig, den wir vom Messer schlecken": Früher oder später werden wir uns verletzen. Vergnügen an sich ist nichts Schlechtes, nur das zwanghafte Streben danach führt zum Unglück. Auch wenn wir nur bequem dasitzen und uns wohl fühlen, ändert sich das bald und wir müssen eine neue Position finden.

Irgendetwas in uns macht uns rastlos und unglücklich und lässt uns nach diesem oder jenem verlangen. Nichts scheint genug zu sein. Oder mit Pascals Worten: Alles Unheil kommt daher, dass die Menschen nicht still in ihrer Kammer sitzen können.

Die Zweite Edle Wahrheit

Wenn die Ursache für eine Krankheit unbekannt ist, kann auch kein Heilmittel gefunden werden. Sobald wir aber wissen, dass es eine Ursache gibt, können wir aktiv werden. Mit Verstehen der zwölfgliedrigen Kausalkette und der Kausalität als solcher erkennen wir, dass die – zum Leiden führenden – Faktoren unterbrochen werden können. Verlangen, Begehren und Ergreifen lassen sich stoppen. Anhaftung ist der Grund für alle vermeidbaren Leiden. In den buddhistischen Texten finden sich – je nach ersehntem Objekt – drei Arten von Begierde.

Das Pali-Wort für Begierde, *tanha*, kann auch mit „Durst" übersetzt werden. Die sengende Hitze Indiens machte Durst zu einer für die Menschen greifbaren Angst und war daher für die Zuhörer des Buddha leicht verständlich.

Das erste Objekt der Begierde ist Vergnügen, das starke Verlangen nach körperlicher Befriedigung jeglicher Art, sei es kulinarisch oder sexuell. Das zweite ist, wichtig, jemand zu sein – der Chef, berühmt, ein Star: das Verlangen nach Werden. Das dritte ist das Verlangen nach Vergessen und Vernichtung: Suizid, um sich dem Leben nicht mehr stellen zu müssen, oder Drogen- und Alkoholrausch, um vor den Herausforderungen des Lebens zu fliehen.

Anhaftung ist eine weitere Erklärung, die oft in den Texten vorkommt. Anspruchsdenken zum Beispiel, das viele unbewusst in sich tragen und das erst ans Licht tritt, wenn etwas nicht nach ihren Vorstellungen läuft, wie bei schlechtem Service im Restaurant, beim Warten auf den Bus, Pech in der Liebe.

Manchmal halten wir uns auch für schlechte Menschen, haben ein geringes Selbstwertgefühl, Schuldgefühle oder Depressionen, fühlen uns als Versager, die der üblichen Würden nicht wert sind. Dies führt zu einem Leben der Vermeidung und ist eine Form von Begehren.

Die Bedingungen für Erkrankungen, mit denen Psychiater, Psychoanalytiker und Therapeuten tagtäglich zu tun haben, fallen alle unter diese edle Wahrheit.

Die Dritte Edle Wahrheit

Laut der dritten Wahrheit können wir das Verlangen oder Begehren aufgeben, dazu müssen wir es aber erst identifizieren. Viele Menschen halten ihre Situation für normal und wollen gar nicht tiefer bohren. So gehen sie leidend durchs Leben – nicht wissend, dass sie dies ändern könnten. Das Ziel der buddhistischen Praxis besteht nun darin, sich dessen bewusst zu werden. So kann man etwas dagegen tun, indem man nämlich die falschen Träume, unrealistischen Begehren und heftigen Leidenschaften loslässt.

Die vierte edle Wahrheit

Durch das Befolgen des Edlen achtfachen Pfades (s. Seiten 106–113) ist Befreiung möglich.

Selbst denken

Der Buddha betonte immer wieder stark, dass man seine „Medizin" ausprobieren müsse. Wirkt sie, solle man sie weiter nehmen, wenn nicht, sie vergessen. Er unterstrich dabei, wie wichtig das individuelle Üben für die Befreiung der Menschen aus ihren bedingten Zuständen sei.

Die Bedeutung dieses „Selbst-Herausfindens" findet sich in den Lehren des Kalama-Sutta. Der Buddha warnt seine Zuhörer davor, etwas zu tun, nur weil ein anderer es sagt. Sie sollten auch keinen Lehren folgen, nur weil sie von der Amtsgewalt erteilt wurden. Hierbei dachte der Buddha sicherlich an die etablierten Institutionen und Traditionen seiner Zeit, auch der vedischen. Ebenso wenig sollten sie nur deswegen etwas tun, weil es eben sinnvoll erschien. In der folgenden Textpassage handelt der Buddha – einen nach dem anderen – alle möglichen Gründe ab, aus denen wir eine Überzeugung oder Praxis übernehmen.

Im Kalama-Sutta heißt es weiter, dass eine Lehre dann weiterverfolgt werden sollte, wenn sie sich als nützlich erwiesen hat. Auf unseren eigenen Geist angewandt ist dies ideengeschichtlich von großer Bedeutung, handelt es sich doch um eine wissenschaftliche Methode: offen darlegen, durch Experimentieren ausprobieren und sich keiner anderen Autorität als dem Zeugnis der eigenen Sinne unterstellen.

Die Kalamer von Kesaputta kamen zum Erhabenen und sagten: *„Es kommen, o Herr, einige Asketen und Brahmanen nach Kesaputta. Sie loben und preisen nur ihren eigenen Glauben, den Glauben anderer aber beschimpfen, mindern, zerreißen sie in der Luft* [wörtl. reißen ihm seine Federn heraus]. *Wieder andere Asketen und Brahmanen kommen nach Kesaputta … und tun dasselbe. Und wenn wir ihnen so zuhören, zweifeln und schwanken wir, wer wohl von ihnen Wahres und wer Lügen lehrt.*"

Recht habt ihr, Kalamer, zu zweifeln und zu schwanken, schwankt ihr doch bei einer Sache, die für Zweifel offen ist.

Handelt, Kalamer, nun nicht nach Hörensagen, nicht nach Überlieferungen, nicht nach den Meinungen der Leute, nicht nach der Autorität eurer heiligen Schriften, nicht nach bloßen Vernunftgründen und logischen Schlüssen, nicht nach Argumenten als Methode, nicht nach dem Abwägen und Gutheißen von Meinungen und denkt nicht, ihr müsstet euch aus Respekt nach einem Einsiedler richten. Wenn ihr aber, Kalamer, selber erkennt: „Diese Dinge sind verwerflich, werden von Verständigen getadelt, und führen – wenn befolgt und ausgeführt – zu Unheil und Leiden", dann verwerft sie.

AUS DEM KALAMA-SUTTA
(IM ANGUTTARA-NIKAYA)

Der Edle Achtfache Pfad

Die acht Elemente des Edlen Achtfachen Pfades (*ariyaatthangika-magga*, P.) werden traditionell in drei Gruppen aufgeteilt: Sittlichkeit (*shila* S./*sila* P.) – rechte Rede, rechtes Handeln und rechten Lebenserwerb oder rechtes Leben –, Sammlung oder Vertiefung (*samadhi* P.) – rechte Anstrengung, rechte Achtsamkeit und rechte Sammlung – und Weisheit (*prajna* S./*panna* P.) – rechte Erkenntnis und rechtes Denken. („recht" bedeutet hier gekonnt und angemessen, nicht perfekt.)

Laut dem Buddha handelt es sich dabei um einen praktischen Lebensweg, der, auch wenn er zur Befreiung führt, ein Leitfaden für das Leben im Hier und Jetzt ist, ein virtuoser, auf sich selbst aufbauender Kreis, der die Praktizierenden nicht ermutigen will, nach einer Belohnung zu streben. Auch wenn achtfach, ist der Pfad – wie ein Kleidungsstück mit acht Falten – nicht zerlegbar.

Die Weisheitsgruppe basiert auf dem Verstehen der Leidensursachen, das mit fortschreitender Praxis zunimmt. Die Sittlichkeitsgruppe bildet eine Vorbedingung für die Meditation und die Entwicklung eines achtsamen Bewusstseins, das wiederum durch Einswerdung mit dem Moment zu einem tieferen Verständnis der Vier Edlen Wahrheiten führt. Und immer so weiter. Der Pfad ist der Weg, der uns aus dem Leiden führt. In seiner ersten Predigt legt der Buddha ihn seinen fünf Begleitern wie folgt dar:

> Doch was, Brüder, ist nun rechte Anschauung? Das Wissen um das Leid, seine Entstehung, seine Aufhebung und den Weg zu seiner Aufhebung: Dies, Brüder, nennt man rechte Anschauung.

Und was, Brüder, ist nun rechte Gesinnung [Denken]? Entsagen, keine Feindseligkeit hegen, harmlos sein. Dies, Brüder, nennt man rechte Gesinnung.

Und was, Brüder, ist rechte Rede? Der lügnerischen Rede, der üblen und verletzenden Rede sowie der sinnlosen Rede entsagen: Dies, Brüder, nennt man rechte Rede.

Und was, Brüder, ist rechtes Handeln? Töten, Stehlen und sexuelles Fehlverhalten unterlassen: Dies, Brüder, nennt man rechtes Handeln.

Und was, Brüder, ist rechter Lebenserwerb? Da hat, Brüder, der … Schüler den falschen Lebenserwerb aufgegeben und fristet sein Leben auf rechte Weise: Das nennt man, Brüder, rechten Lebenserwerb.

Und was, Brüder, ist rechte Anstrengung? Da hat, ihr Mönche, ein Bruder den Willen, aufkommende üble und unsittliche Dinge abzuweisen. Dazu strengt er sich an, bringt Energie auf, setzt seinen Geist ein und kämpft.

So tut er, um bereits aufgekommene üble, unsittliche Dinge abzuweisen. So tut er, um noch nicht aufgekommene üble, unsittliche Dinge abzuweisen. So tut er, um das Aufkommen guter Dinge zu bewirken, kommen zu lassen. So tut er, um bereits aufgekommene gute Dinge zur Festigung, zur Klärung, zur Mehrung, zur Übung, zur Vollendung zu führen. Dies, Brüder, nennt man rechte Anstrengung.

> Und was, Brüder, ist rechte Achtsamkeit? Da, Brüder, weilt ein Bruder in der Betrachtung des Körpers als Zusammensetzung, er tut dies eifrig, selbstbeherrscht, besonnen, weltliche Begierde und Unbehagen abtuend. So weilt er auch bei den Empfindungen, der Wahrnehmung, dem Handeln … und dem Denken. Dies, Brüder, nennt man rechte Achtsamkeit [Gewahrsein]…
>
> DIGHA-NIKAYA

Der Edle Achtfache Pfad ist ein Versuch, jedem von uns die Dinge bewusst zu machen, die wir tun und denken, basierend auf unserem jeweiligen Verständnis der buddhistischen Lehren. Hinsichtlich des „rechten Lebenserwerbs" gibt es beispielsweise Berufe, die als nicht förderlich angesehen werden, wie die Arbeit in einem Schlachthaus oder der Verkauf von Waffen. Für jemanden, der seinen Lebensunterhalt als Kaufmann verdient, mag dies momentan ein ehrbar Berufe sein. Nach ein paar Jahren der Beschäftigung mit der Lehre des Buddha entscheidet die gleiche Person vielleicht, dass sich ihre Gedanken zu sehr um Profit gedreht haben, und sucht sich eine Beschäftigung, die besser zur neugewonnenen Auffassung der Lehre passt. Laien finden auf diesem Pfad daher viel Raum für Interpretation. Für diejenigen, die in einer klösterlichen Umgebung leben, ist das Leben jedoch anders. Hier sind alle Handlungen gänzlich dem Dharma des Buddha geweiht, alle Dinge sind „Buddha-Dinge", die mit ganzem Herzen für das Dharma ausgeführt werden.

Vielleicht denkt nun so mancher: „Ich meditiere nicht", und doch tut er es. Immer wenn etwas wichtig für uns ist, versinken wir darin und schließen alles andere aus. Einsgerichtete Konzentration ist im Grunde eine natürliche Fähigkeit, durch Übung können wir enormen Nutzen aus ihr ziehen. Auch ein

Drogenabhängiger kann große Zielstrebigkeit und Konzentration an den Tag legen, deren Erfolg gereicht ihm jedoch zum Schaden; tauscht man allerdings das Objekt aus, werden sich auch die Auswirkungen ändern. Schritt für Schritt wird nun mit zunehmender Übung auch die Einsicht größer, und mit der Zeit verändert sich dann die ganze Landschaft.

Auch wenn es für dich schwer sein mag, dich an der Entsagung zu erfreuen, lasse dennoch all dein Verlangen los, und mache so Herz und Geist frei, von allen Befleckungen.

DAS DHAMMAPADA – VERS 88, KAPITEL 6, „DER WEISE"

Auch wenn persönliche und soziale Umstände eine wichtige Rolle dabei spielen, wie jemand leidet, werden Schuldzuweisungen im buddhistischen Denken als „Gift" angesehen, das nur zu negativen Handlungen führt und das Leiden nicht mindert.

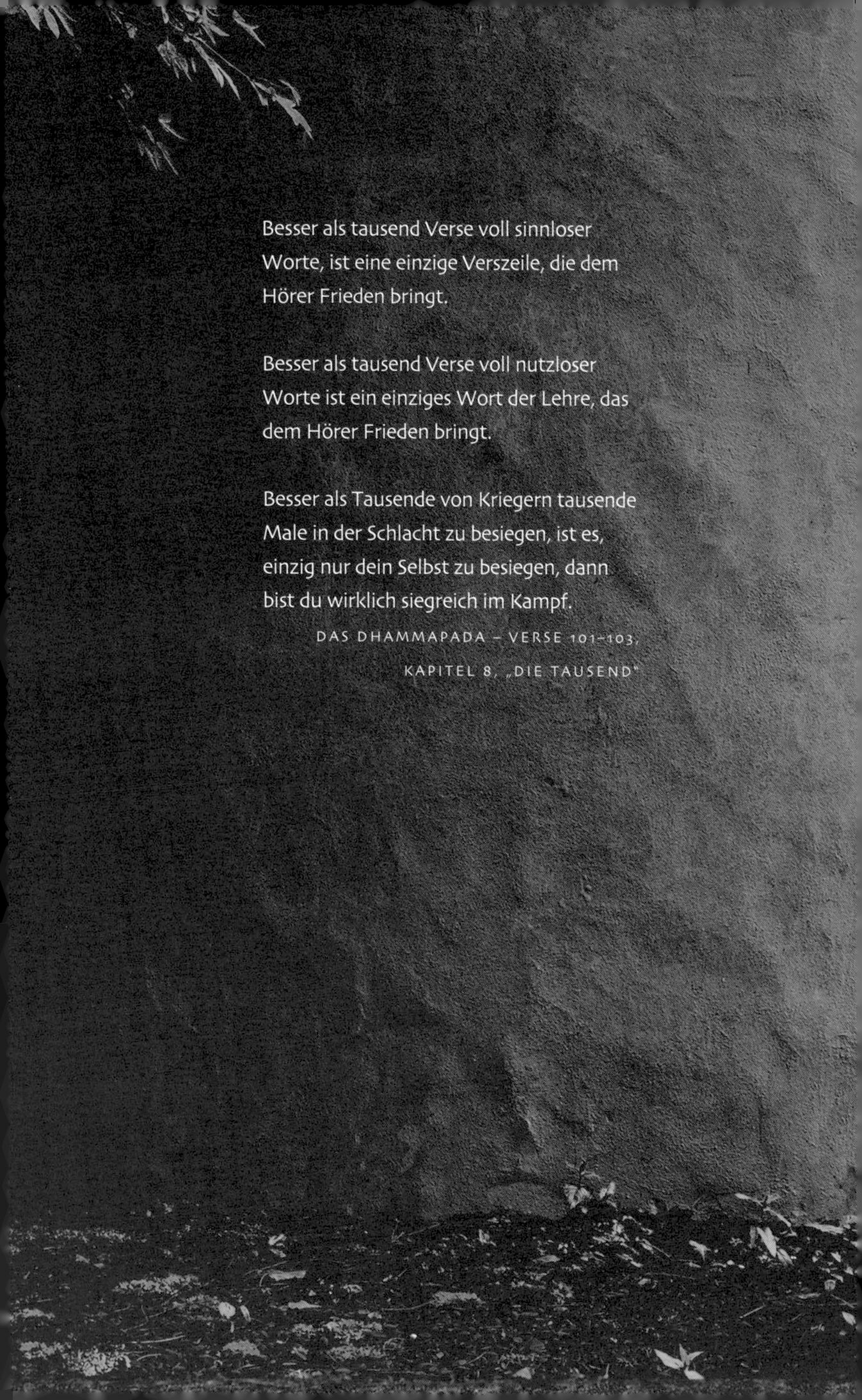

Besser als tausend Verse voll sinnloser
Worte, ist eine einzige Verszeile, die dem
Hörer Frieden bringt.

Besser als tausend Verse voll nutzloser
Worte ist ein einziges Wort der Lehre, das
dem Hörer Frieden bringt.

Besser als Tausende von Kriegern tausende
Male in der Schlacht zu besiegen, ist es,
einzig nur dein Selbst zu besiegen, dann
bist du wirklich siegreich im Kampf.

DAS DHAMMAPADA – VERSE 101–103,
KAPITEL 8, „DIE TAUSEND"

Die Paramitas

Zehn moralische Eigenschaften führen – bei vollendeter Ausführung – zur Buddhaschaft. Diese *paramitas* genannten „Vollkommenheiten" spielen besonders im Mahayana-Buddhismus – in der Entwicklung des Bodhisattva-Ideals – eine große Rolle. Die Mahayana-Anhänger erkennen sechs an: Großzügigkeit (*dana*), Sittlichkeit oder angemessenes Verhalten (*sila*), Geduld (*khanti*), Willenskraft (*viriya*), Meditation (*dhyana*), Weisheit (*panna*). Theravada-Anhänger kennen zehn, das Dasa Paramiyo: Großzügigkeit (*dana*), Sittlichkeit oder angemessenes Verhalten (*sila*), Entsagung (*nekkhama*), Weisheit (*panna*), Willenskraft (*viriya*), Geduld (*khanti*), Wahrhaftigkeit (*sacca*), Standhaftigkeit oder Entschlossenheit (*adhitthana*), liebende Güte (*metta*), Gleichmut (*upekkha*).

Großzügigkeit (*dana*)

Großzügigkeit ist das Kultivieren einer Gemütsverfassung, die Selbstsucht und Begehren entgegenwirkt: Almosen für diejenigen, die nicht so viel Glück haben, die Unterstützung der Mönchsgemeinschaft und allgemein alle freigebigen und großzügigen Handlungen – die Hingabe seiner selbst.

> Fünffachen Segen bringt das Almosengeben: die Zuneigung vieler, noble Gesellschaft, einen guten Ruf, Selbstvertrauen und Wiedergeburt im Himmel.
>
> ANGUTTARA-NIKAYA

Letztlich sind alle Gedanken an das Selbst und das Festhalten daran aufzugeben. Dies ist das Ziel der Entsagung im theravadischen Gedankengut. Um den ungeteilten Zustand des Samadhi zu erreichen, müssen wir uns mit jeder Faser unseres Seins jederzeit auf unsere Aufgabe konzentrieren. Ist sie interessant, machen wir das meist ohnehin. Das Lesen eines spannenden Buches ist ein gutes Beispiel dafür, wie schnell wir in etwas „eintauchen" können. Das Problem entsteht, wenn uns eine Aufgabe nicht anspricht. Dann müssen wir erst lernen, uns ihr voll und ganz zu widmen. Dies lässt sich aber üben und bildet die Basis aller wahren Praxis.

Sittlichkeit (*sila*)

Manchmal auch Tugend genannt, verkörpert diese Eigenschaft die Idee anhaltender Beherrschung. Mit Sammlung und Weisheit bildet sie die „drei Gebiete der buddhistischen Schulung". Im Edlen Achtfachen Pfad (s. Seite 106) finden sich drei Arten: rechte Rede, rechtes Handeln und rechter Lebenserwerb. Diese wurden später in den buddhistischen Moralkodex aufgenommen und zu den „fünf Geboten" – den allgemeinen Verhaltensregeln – erweitert. Sie heißen: Nicht töten. Nicht stehlen. Kein sexuelles Fehlverhalten. Nicht lügen. Kein Rausch.

> Wie Wasser auf dem Lotosblatt, wie ein Senfkorn auf einer Nadelspitze: An wem kein Verlangen mehr haftet, den nenne ich einen Heiligen.
>
> DAS DHAMMAPADA – VERS 401, KAPITEL 26, „DER BRAHMANE UND DER HEILIGE"

Das Üben in gutem Verhalten hat aber noch andere Vorteile. Wenn wir zum Beispiel mit dem Rauchen aufhören wollen, werden wir uns der Lust auf eine Zigarette bewusst und können sie durch Beherrschung besiegen. Um die Signale zu bemerken, die die Lust im Körper aussendet, müssen wir aber pausenlos aufmerksam sein. Dies setzt Wachsamkeit – ein vollkommen bewusstes „Im-Moment-Sein" – voraus. Der etwas altmodische Gentleman verhielt sich angemessen in jeder Lebenslage. Sich selbst in Tugend oder Sittlichkeit zu üben, ist ein solcher Zustand der gelassenen, aber zugleich wachsamen Beobachtung und bildet eine solide Grundlage für das Kultivieren von Herz und Geist in der Meditation.

> Wer kein Verlangen mehr hat nach dieser Welt, wie nach der nächsten, wer wunschlos ist und losgelöst, den nenne ich einen Heiligen.
>
> DAS DHAMMAPADA – VERS 410, KAPITEL 26, „DER BRAHMANE UND DER HEILIGE"

Geduld (*khanti*)

Diese Eigenschaft wird auch Nachsichtigkeit genannt und bedeutet: das Unerträgliche ertragen. Es ist eine gute Übung für Laien, die sich im fordernden Alltag oft in Situationen wiederfinden, in denen sie in kurzer Zeit und unter viel Druck Arbeiten erledigen müssen. Wie oft hören wir Mütter, die ihre Kinder anschreien, oder scharfe Antworten auf einfache Fragen? Dieses Paramita hilft Menschen dabei, den Zorn, eines der größten Hindernisse der Meditation, zu überwinden und temperamentvollen Menschen ihre Leidenschaft zu zügeln.

> Wer weder zu Laien noch zu Wandermönchen Anhänglichkeit und Anhaftung entwickelt, wer bescheiden lebend alleine wandert, den nenne ich einen Heiligen.
>
> DAS DHAMMAPADA – VERS 404, KAPITEL 26, „DER BRAHMANE UND DER HEILIGE"

Der Tor denkt, er hat eine Schlacht gewonnen, wenn er andere schikaniert, doch erst die Nachsicht macht uns siegreich.

SAMYUTTA-NIKAYA

Willenskraft (*viriya*)

Die Angst davor, das Gewünschte nicht zu erreichen, bringt viele Menschen dazu, sich den Anforderungen des Lebens gar nicht mehr zu stellen. Energie wirkt dieser Angst entgegen und ermutigt die Menschen dazu, Aufschieben und Vermeiden sein zu lassen.

Durch Bemühen und Achtsamkeit …, schaffe dir
selbst eine Insel,
welche die Flut nicht überwältigen kann.

DAS DHAMMAPADA – VERS 25,
KAPITEL 2, „DIE ACHTSAMKEIT"

Weisheit (*panna*)

Durch Weisheit können wir die – nicht durch persönliche Vorlieben vernebelte – wahre Natur der Dinge erkennen. Es gibt drei Arten: Weisheit durch Denken – zum Beispiel durch deduktives Schlussfolgern –, durch Lernen und Weisheit durch höhere geistige Entwicklung. Letztere erkennt die Natur der Wirklichkeit, des Leidens, der Vergänglichkeit und der Substanzlosigkeit des Selbst. Gedanken, Worte und Taten, die diesem Zustand entspringen, sind fachkundig und selbstlos. Die Weisheit lässt die Menschen verstehen, was gut für sie ist, und was nicht.

Gleichwie durch das Entzünden einer Lampe in einem dunklen Raum tausendjährige Dunkelheit erlischt, so vertreibt auch das Licht des Buddha, wenn es die fühlenden Wesen erleuchtet, Ewigkeiten der Dunkelheit.

DAS AVATAMSAKA-SUTRA
(DAS BLUMENGIRLANDEN-SUTRA)

Alle vergangenen, gegenwärtigen und zukünftigen Buddhas erreichten, nachdem sie die Weisheitsparamitas entdeckt hatten, höchstes Wissen.

DAS HERZ-SUTRA

Entsagung (*nekkhama*)

Der Buddha gab für seine Suche alles auf, räumte jedoch ein, dass ihn vor seiner Erleuchtung die Vorstellung, alle weltlichen Vergnügen aufzugeben, nicht entzückt hatte. Er erkannte aber, dass er bisher noch nicht ohne sie gelebt hatte. Durch Verringern der Anziehungskraft, die das sinnliche Erleben auf uns hat, erlangen wir Freiheit und wahre Freude. Auch auf kleine Dinge zu verzichten, stärkt uns und ist daher lobenswert.

Wer sich von den Fesseln der Menschen befreit und die Fesseln des Himmels überwunden hat, wer von allen Fesseln losgelöst ist, den nenne ich einen Heiligen.

DAS DHAMMAPADA – VERS 417, KAPITEL 26,
„DER BRAHMANE UND DER HEILIGE"

Sei zufrieden mit kleinen Dingen und frei von Verlangen nach weltlichem Besitz.

TIBETISCHES SPRICHWORT

Nirwana heißt, alles aufzugeben, und mein Geist strebt nach Nirwana.

AUS DEM *BODHICARYAVATARA* VON SHANTIDEVA

Wahrhaftigkeit (*sacca*)

Wahrhaftigkeit – das tun, was man sagt – ist wohl die wichtigste Tugend, basiert sie doch auf zwischenmenschlichem Vertrauen. Mit der Wegmetapher ausgedrückt, heißt dies, den Weg – wie der Buddha – mutig bis zu Ende zu gehen.

Die Täuschungen enden im Reich der Wahrheit. Dort sind keine Grenzen zu erkennen.

AUS DEM *HSIN-HSIN MING*
(„VOM GLAUBEN AN DEN GEIST"),
DEM PATRIARCHEN SOSAN
(GEST. 606) ZUGESCHRIEBEN

Standhaftigkeit (*adhitthana*)

Standhaftigkeit braucht man, um Schwierigkeiten zu überwinden und nicht vom Weg abzukommen. Zum Erreichen jedes Ziels sind Entschlossenheit und Ausdauer nötig.

Mache dich fleißig an die Aufgabe, die zu tun ist. Sei berauscht von der Aufgabe, vollkommen versunken – so, als wolltest du das Glück eines Spielgewinns finden.

AUS DEM *BODHICARYAVATARA* VON SHANTIDEVA

Liebende Güte (*metta*)

Diese dem Herzen innewohnende Eigenschaft muss sich von den Fesseln aus Angst und Beklemmung befreien.

> Gleichwie … zur Zeit der ersten Dämmerung der heilbringende Stern leuchtet und glänzt und strahlt, so verschwindet alles, was wir hienieden tun können, um unser künftiges Los zu verbessern, an Wert neben der Güte, der herzerlösenden. Die Güte, die herzerlösende, nimmt alles andere in sich auf und leuchtet und glänzt und strahlt.
>
> DAS UDANA (IM KHUDDAKA-NIKAYA)

Gleichmut (*upekkha*)

Gleichmut oder Gelassenheit ist eine der höchsten Geisteshaltungen (*brahmaviharas*, s. Seite 131), die anzeigen, wie nah man der Erleuchtung ist. Nach Auflösen des „Ich" gibt es keine Angst mehr und alle Taten entstehen aus – vollkommen bewusstem und präsentem – Gleichmut.

> Nach Verwerfung der Freuden und Leiden, nach Vernichtung des einstigen Frohsinns und Trübsinns erwirkt der Mönch die Weihe der leidlosen, freudlosen, gleichmütig einsichtigen vollkommenen Reine, die vierte Vertiefung. Dies, Ananda, ist das andere Glück, vortrefflicher und erhabener als das weltliche Glück.
>
> MAJJHIMA-NIKAYA

Meditation (*dhyana*)

Vollkommene, ungeteilte, ganzherzige Aufmerksamkeit und geistige Versunkenheit in das, was wir tun, ist eine zentrale Übung, nicht nur für die Meditation, sondern auch für den Alltag.

> Ohne Einsicht gibt es keine Vertiefung der Meditation und ohne Vertiefung der Meditation gibt es keine Einsicht. Pflege Einsicht und Vertiefung, dann bist du nahe dem Nirwana.
>
> DAS DHAMMAPADA – VERS 372, KAPITEL 25, „DER MÖNCH"

Der Wunsch nach Verbesserung

Wörtlich heißt *paramita* „jenseits gegangen sein" – jenseits der selbstsüchtigen Wünsche, blinden Instinkte und schlechten Gewohnheiten, die den normalen Menschen ausmachen. „Vollkommenheit" ist zwar die gebräuchlichste Übersetzung, diese führt jedoch leicht zur Fehldeutung von Perfektionismus, übermäßiger Frömmigkeit und Heiligkeit, was dem eigentlichen Sinn der Praxis widerspricht. Tugend erscheint daher die bessere Alternative: ein Verhalten ohne niedere Absichten, stets gekonnt und angemessen und – was noch wichtiger ist – natürlich, ohne versteckte selbstsüchtige Beweggründe und in sich stark.

Es handelt sich um eine grundlegende „Geisteshaltung" jenseits des Verlangens, ist eine Paramita erreicht, sind es auch die restlichen: Mit Verschwinden von Begehren, Zorn und Verblendung wird auch die Selbstsucht sinnlos. Da es nun aber um eine Geisteshandlung geht: Ist es dann nicht heuchlerisch, großzügig zu handeln, wenn man im Grunde nicht so fühlt? Gegen die natürliche Veranlagung anzugehen, kann in der spirituellen Arbeit von Vorteil sein, da erst dann die Veränderung stattfindet. Die meisten spirituellen Wege drehen sich um Selbstaufopferung – die Aufopferung des angeborenen Impulses des Unwissens, das uns engstirnig und „unbewusst" macht. Gegen die natürliche Tendenz der Untätigkeit streben manche danach, ihr Potential voll auszuschöpfen, und bewegen sich damit vollkommen natürlich auf die Erleuchtung zu. Die Lehren des Buddha verstehen diesen Wunsch nach Verbesserung oder *boddhicitta*, wie es in der Mahayana-Schule heißt. In der „Parabel vom Baumstamm" (s. Seiten 124–127) beschreibt der Buddha die Gefahren, die auf diesem Weg lauern.

Die Parabel zeigt, dass man – nach Beseitigung aller inneren Hindernisse – zwangsläufig zum Nirwana kommt. Da wir jedoch von Anhaftungen aufgehalten werden, ist das Kultivieren der Paramitas äußerst hilfreich. Jedem noch so vorsichtigen Menschen passieren hier und da Ausrutscher. Mit so brauchbaren Mitteln wie den Paramitas können wir diesen zum Unglück führenden „Untiefen" und „Flussbänken" ausweichen.

Die Parabel vom Baumstamm

Einst weilte der Erhabene bei Kosambi am Ufer des Flusses Ganges. Als er einen großen Baumstamm den Fluss hinunterschwimmen sah, rief er die Mönche herbei und fragte sie, ob sie den Baumstamm sehen könnten, der da den Ganges hinunterschwimme.

„Ja, Herr", antworteten sie.

Wenn nun, Brüder, der Baumstamm nicht am nahen oder fernen Ufer strandet, nicht in der Flussmitte sinkt, nicht an Untiefen stecken bleibt, nicht in menschliche oder nicht-menschliche Hände fällt, nicht von einem Strudel erfasst wird oder innerlich verrottet, wird der Baumstamm, Brüder, bis zum Ozean fließen, zu diesem hingleiten, diesem entgegenstreben. Und warum? Da der Strom des Ganges, ihr Brüder, zum Ozean fließt, zu diesem strebt.

In derselben Weise fließt ihr, Brüder – wenn ihr nicht am nahen oder fernen Ufer strandet, nicht in der Flussmitte sinkt, nicht an Untiefen stecken bleibt, nicht menschlichen oder nicht-menschlichen Wesen zum Opfer fallt, nicht von einem Strudel erfasst werdet oder innerlich verrottet – zum Nirwana,

gleitet zu diesem hin und strebt ihm entgegen. Und warum? Da die vollkommene Anschauung, Brüder, zum Nirwana fließt, zu ihm hingleitet und ihm entgegenstrebt.

„Was, Herr, ist das ‚nahe und ferne Ufer', was ‚in der Flussmitte sinken'? Was ‚an der Untiefe steckenbleiben'? Was ‚menschlichen und nicht-menschlichen Wesen zum Opfer fallen'? Was ‚von einem Strudel erfasst werden'? Was ‚innerlich verrotten'?"

„Das nahe Ufer", Brüder, steht für die sechs inneren Sinnesträger. „Das ferne Ufer", Brüder, steht für die sechs äußeren Sinnesträger.

„In der Flussmitte sinken" steht für Verlockungen und Lust.

„An Untiefen steckenbleiben" steht für die Einbildung des Selbst.

Und was, Brüder, bedeutet „den Menschen zum Opfer fallen"? In diesem Fall, Brüder, lebt der Hausvater in Gesellschaft, freut sich mit ihnen, wenn sie sich freuen, trauert mit ihnen, wenn sie trauern, ist glücklich, wenn sie glücklich sind, leidet, wenn sie leiden, nimmt sich aller Angelegenheiten an. Dies, Brüder, bedeutet „den Menschen zum Opfer fallen".

Und was, Brüder, bedeutet „den Nicht-Menschen zum Opfer fallen"? In diesem Fall lebt ein Bruder sein ganzes Leben in der Hoffnung, in Gesellschaft eines Devas wiedergeboren zu werden, mit dem Gedanken: „Durch Tugend, Übung, Entbehrung oder ein heiliges Leben mag ich ein Deva oder einer der Devas werden." Dies, Brüder, bedeutet „den Nicht-Menschen zum Opfer fallen". „Von einem Strudel erfasst werden", Brüder, steht für die fünf Sinnesfreuden.

Und was, Brüder, ist „innerlich verrotten"? Da ist, Brüder, ein Bruder unmoralisch, böse, unrein, von fragwürdigem Verhalten und verbirgt seine Taten. Er ist kein Einsiedler, behauptet es aber zu sein, führt kein heiliges Leben, behauptet es aber zu führen: innerlich verrottet, voller Lüste, ein Kind des Schmutzes. Dies, Brüder, bedeutet „innerlich verrotten".

SAMYUTTA-NIKAYA

Der Weg des selbstlosen Mitgefühls

Meine Fehler sind unzählbar. Ich gelobe, sie alle von mir zu werfen. Die Lebewesen sind unzählbar. Ich gelobe, sie alle zu retten. Die Lehren des Buddha sind unzählbar. Ich gelobe, sie alle zu lernen. Der Weg des Buddha ist unübertrefflich. Ich gelobe, ihn bis zum Ende zu gehen.

DIE VIER GELÜBDE

(IN ZEN-TEMPELN REZITIERT)

Die Paramitas sind im Mahayana-Buddhismus von großer Bedeutung. Dieser bildete sich nach der Trennung der frühen buddhistischen Gemeinschaft (ca. 200 v. u. Z.) in zwei unterschiedliche, wenn auch nicht entgegengesetzte Gruppen heraus. Eine der Gruppen war dem Arhatpfad, den Lehren des Buddha und einer inneren Analyse der Phänomene verschrieben, so wie dies im dritten Buch des Suttapitaka (Samyutta-Nikaya) dargelegt wird. Die andere Gruppe wollte dagegen zu anderen Menschen vordringen und kritisierte den Arhatpfad als selbstzentriert, da sich seine Anhänger auf ihre eigene Rettung konzentrieren und das Leiden der anderen um sie herum vergessen. Diese Idee wurde vom Bodhisattva-Weg der Mahayana-Schule aufgenommen, diesem zu Folge kann wahre Buddhaschaft nur durch die selbstlose Entwicklung von Weisheit und die Kultivierung des Mitgefühls zu anderen erreicht werden.

Ausführlich behandelt wurde das Idealbild des Bodhisattva vom indischen Mönch Vasubandhu (ca. 290–370 u. Z.) in einer komplexen Analyse über die Natur des Geistes: dem Abhidarmakosa („Schatzkammer der Metaphysik"). Vasubandhu war ein Mitglied der orthodoxen Sarvastivada-Schule. Deren mystische Ideen führten zur Entwicklung der Yogacara-Schule und trugen zur Entstehung des esoterischen Buddhismus bei.

Warum brauchen die Bodhisattvas, nachdem sie das Gelübde abgelegt haben, so lange, bis sie die höchste Erleuchtung erreichen?

Weil die höchste Erleuchtung sehr schwer zu erreichen ist: Man muss zunächst sehr viel Wissen und Verdienste ansammeln und im Laufe von drei unendlichen Kalpas unzählige heroische Taten vollbringen.

dieser – so schwer erreichbaren – Erleuchtung streben, wenn es keine andere Form der Erleuchtung gäbe. Aber dem ist nicht so. Warum mühen sie sich dann so?

Für das Wohl der anderen, damit sie andere aus dem Fluss des Leidens ziehen können.

Aber welchen persönlichen Nutzen finden sie im Wohl der anderen?

Das Wohl der anderen ist ihr Wohl, da sie es so wünschen.

Wer kann das glauben?

Es ist wahr, dass Menschen, die kein Mitleid haben und nur an sich selbst denken, die Selbstlosigkeit der Bodhisattvas nicht verstehen können. Mitfühlenden Menschen fällt dies jedoch leicht.

Sehen wir nicht, dass manche Menschen – aus fehlendem Mitgefühl – im Leid anderer Vergnügen finden, auch wenn es ihnen gar nichts nützt? So muss man auch den Bodhisattvas zugestehen, dass sie – durch ihr Mitgefühl – Vergnügen darin finden, ohne egoistische Beweggründe anderen Gutes zu tun.

Sehen wir nicht, dass manche Menschen – ohne Wissen über die wahre Natur der bedingten Dharmas, die ihr sogenanntes „Selbst" ausmachen –, sich durch die Macht der Gewohnheit an diese Dharmas

heften – auch wenn diese Dharmas überhaupt keine Persönlichkeit besitzen – und sie aufgrund dieses Anhaftens unendlich leiden?

So muss man auch den Bodhisattvas zugestehen, dass sie sich von solchen Dharmas, die das sogenannte „Selbst" ausmachen, durch die Macht der Gewohnheit lösen, sie nicht mehr als „Ich" und „mein" ansehen, und aufgrund des anwachsenden Mitleids mit anderen unendlich für diese leiden.

AUS DEM ABHIDHARMAKOSA

Doch auch die Theravada-Tradition schätzt die Paramitas, stellen sie doch ein unverzichtbares Werkzeug dar, um mit dem so tief verankerten Hang zu Vergnügen, Existenz, schädlichen Anschauungen usw. – den als *asavas* bekannten zerstörerischen Eigenschaften – umzugehen.

Als Gegenmittel gegen die negativen geistigen Muster der Asavas gelten die vier hohen Geisteshaltungen oder *brahmaviharas*, nämlich liebende Güte, Mitgefühl, Mitfreude (oder Freude an der Freude der anderen) und Gleichmut.

Kultivierung des Herzens

Alle Buddhisten folgen den Spuren desjenigen, der sich als Mensch voll entwickelt hat und zum So-Gekommenen, zum Buddha geworden ist. Es ist schwer einzuschätzen, wie der erleuchtete Buddha wirklich war. Sein Weg ist jedoch über seine Lehren – verbreitet durch die verschiedenen Schulen sowie die Gesamtheit der Ordensmitglieder und der Laien und Laiinnen – weitergegeben worden. Diese zeigen den Menschen, wie sie durch Kultivierung des Herzens zu einem kompletten menschlichen Wesen heranreifen. „Herz" ist dabei das Zentrum unserer Erfahrung oder – laut Buddhaghosa – der Sitz unseres Bewusstseins.

Neben der historischen Figur ist Buddha ein aktives Prinzip, das immer aktiver wird, je mehr wir von selbstsüchtigen und ichbezogenen Belangen ablassen, sodass unser eigentliches Wesen hervortreten kann. Im nördlichen Buddhismus (s. Seite 24) und teils auch in der Zen-Tradition kennt man dies als Buddha-Natur.

Das Dreifache Juwel

Die auch als „Drei Juwelen" bekannten Prinzipien – Buddha, Dharma (die Lehre) und Sangha (die Gemeinschaft) – stehen für das Leben im Hier und Jetzt. Auch wenn wir, um nicht irregeführt zu werden, immer wieder zur Lehre zurückkehren müssen, ist das wirklich Entscheidende das Praktizieren im Moment.

Leben heißt Licht und Dunkel, Freude und Kummer, Erfolg und Versagen. Gleich, wer wir sind und wie unsere Lebensumstände sind: Alle Lebewesen müssen den Weg zwischen Geburt und Tod zurücklegen. Das Leben ist kurz und wir müssen alle sterben. Wir werden zwar mit innerer Weisheit

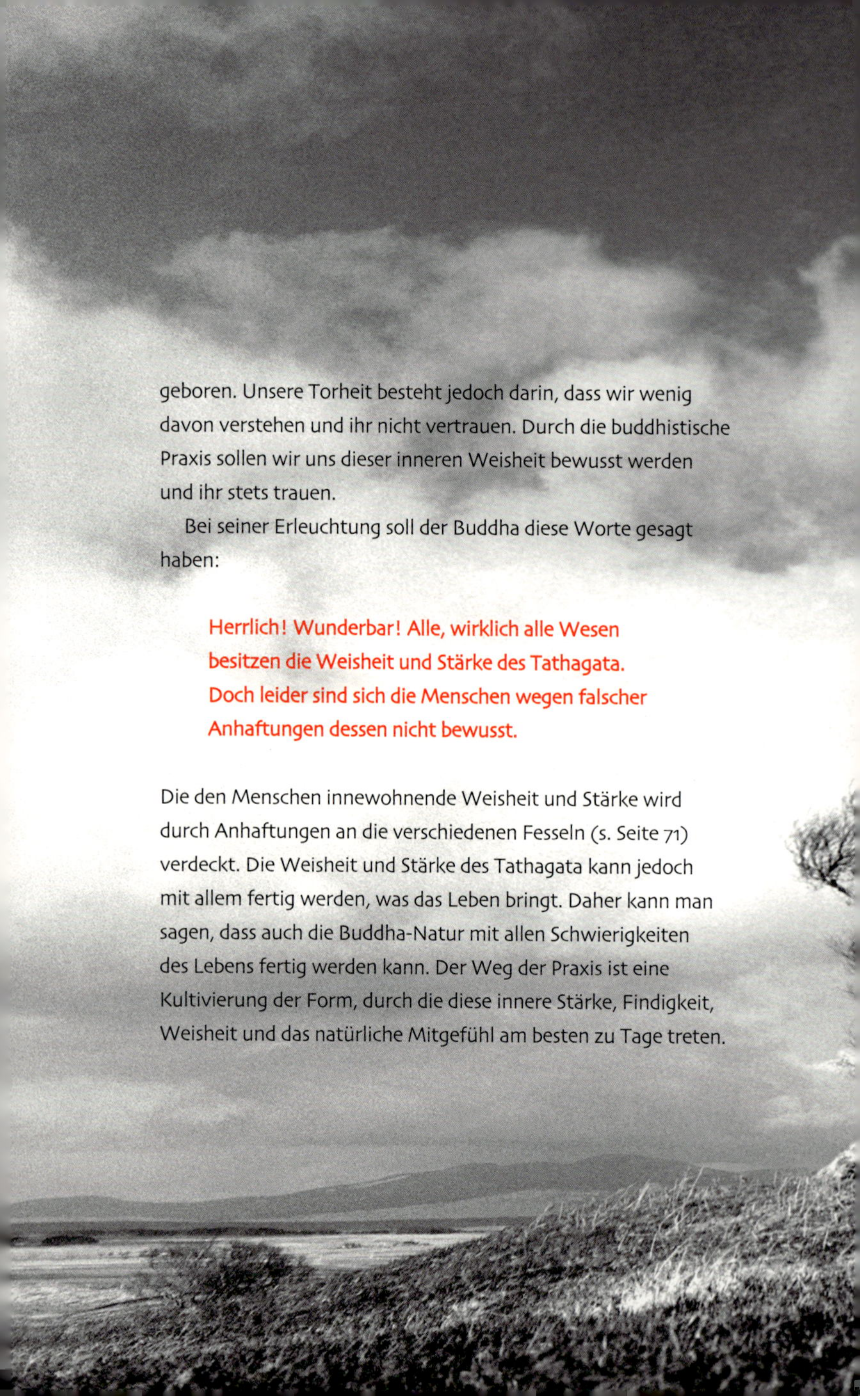

geboren. Unsere Torheit besteht jedoch darin, dass wir wenig davon verstehen und ihr nicht vertrauen. Durch die buddhistische Praxis sollen wir uns dieser inneren Weisheit bewusst werden und ihr stets trauen.

Bei seiner Erleuchtung soll der Buddha diese Worte gesagt haben:

> **Herrlich! Wunderbar! Alle, wirklich alle Wesen besitzen die Weisheit und Stärke des Tathagata. Doch leider sind sich die Menschen wegen falscher Anhaftungen dessen nicht bewusst.**

Die den Menschen innewohnende Weisheit und Stärke wird durch Anhaftungen an die verschiedenen Fesseln (s. Seite 71) verdeckt. Die Weisheit und Stärke des Tathagata kann jedoch mit allem fertig werden, was das Leben bringt. Daher kann man sagen, dass auch die Buddha-Natur mit allen Schwierigkeiten des Lebens fertig werden kann. Der Weg der Praxis ist eine Kultivierung der Form, durch die diese innere Stärke, Findigkeit, Weisheit und das natürliche Mitgefühl am besten zu Tage treten.

Nicht von den Tränen forttragen lassen

In einer berühmten Geschichte traf der Abt eines Zen-Klosters auf einer seiner Wanderungen eine Beerdigungsgesellschaft. Er stellte fest, dass er die Familie kannte, und schloss sich der Zeremonie an. Bald schon begann er mit dem Rest der Trauergemeinde zu weinen.

Später trat einer der Ortsansässigen auf ihn zu und sagte: „Meister, ich sah euch auf der Beerdigung weinen. Als großer Meister steht ihr doch sicher über solchen Dingen [wie Vergnügen und Schmerz]?"

„Nein", antwortete er, „das macht mich erst fähig zu weinen. Weinen, ohne von den Tränen fortgetragen zu werden, lachen, ohne vom Lachen fortgetragen zu werden – das ist der Weg."

Die entscheidende Lehre dieser Anekdote ist folgende: Man soll innerhalb der Grenzen der Gefühle und des menschlichen Körpers leben und nicht versuchen, diesen Lebenserfahrungen zu entfliehen, aber auch nicht bei diesen verweilen.

Schulung des Herzens

In Japan zog der Zen-Buddhismus viele Samurai-Krieger an. Die folgende Geschichte zeigt, wie eine solche Schulung des Herzens den Menschen verändern kann. Einfach ist dies sicher nicht, aber durchaus lohnend.

Ein Krieger hatte nach langem innerem Kampf seinen Herrn verlassen. Er tat dies, da er sich für ein Zen-Leben berufen fühlte. Nachdem er zwölf Jahre in einem Bergkloster gelebt hatte, machte er sich auf die Pilgerschaft. Binnen kurzem traf er auf einen Samurai auf einem Pferd. Dieser erkannte ihn und wollte ihn niederschlagen. Da er sein Schwert nicht beschmutzen wollte, überlegte er es sich aber anders und spuckte ihm nur ins Gesicht, bevor er weiterritt. Beim Wegwischen der Spucke sah der Mönch vor sich, wie er früher auf eine solche Beleidigung reagiert hätte. Tief bewegt drehte er sein Gesicht zu den Bergen, wo er seine Ausbildung erfahren hatte, verneigte sich und dichtete:

> Der Berg ist der Berg
> und der Weg ist der gleiche wie früher.
> Was sich wirklich verändert hat,
> ist mein eigenes Herz.

Der zum Mönch gewordene Samurai haftete nicht mehr an der Vorstellung der Ehre und musste nicht mehr für sie kämpfen. Mit dem Wegwischen der Spucke war es genug. Diese vollkommene Verwandlung des Charakters war nur durch die intensive Kultivierung der Demut möglich ist.

Anhaftungen behindern das Wachsen

Wenn man einen Samen pflanzt, der zu einer Blume oder einem Baum werden soll, muss dieser nur wachsen, die Form ist längst da. Kultivierung des Herzens meint, Anhaftungen zu entfernen, die das Wachsen behindern. Das im ersten Jahrhundert u. Z. verfasste Lankavatara-Sutra handelt von den vielen äußeren Dingen, an denen die Menschen anhaften.

> Mahamati … da die Unwissenden und Einfältigen nicht wissen, dass die Welt etwas ist, was nur vom Geist gesehen wird, klammern sie sich an eine Vielzahl äußerer Objekte, an die Vorstellung von Sein und Nichtsein, Einheit und Verschiedenheit, Zweiheit und Nichtzweiheit, Existenz und Nichtexistenz, Ewigkeit und Nichtewigkeit und denken, sie hätten eine eigene Selbstnatur. All dies entsteht aber durch das Urteilsvermögen des Geistes, wird durch die Macht der Gewohnheit aufrecht erhalten und führt so zu falschen Vorstellungen. Wie eine Fata Morgana, bei der man das sprudelnde Wasser für wahr hält … So, Mahamati, finden die Unwissenden und Einfältigen, deren Geist in den Feuern von Gier, Zorn und Wahn [Verblendung] brennt, Entzücken an der Welt voller zahlloser Formen, in ihren Gedanken werden sie von der Vorstellung von Geburt, Wachstum und Zerstörung heimgesucht, und – nicht gut verstehend, was mit Existenz und Nichtexistenz gemeint ist, und seit jeher beeindruckt von falschem Urteilsvermögen und Spekulationen – verfallen sie der Gewohnheit, dies und das zu ergreifen, und haften diesem an.
>
> DAS LANKAVATARA-SUTRA

Achtsamkeit

> Die Achtsamkeit im Körper fest verankert,
> die sechs Sinnengebiete wohl beherrscht,
> kann der gefasste Mönch sein Nirwana sehen.
>
> DAS UDANA (IM KHUDDAKA-NIKAYA)

Das Sanskrit-Wort *smrti* oder *sati* (P.) wurde auf vielerlei Arten übersetzt: „Gewahrsein", „Selbstbeherrschung", „vollkommenes Bewusstsein" und „Achtsamkeit". Die Praxis des Buddhismus hängt von der Kultivierung dieser Fähigkeit ab. Durch sie ist er mehr als nur ein intellektuelles System, er wird zum lebendigen Pfad der Befreiung vom Leiden, von der der Buddha so oft in seinen Lehren spricht.

> Das schönste Mädchen des Landes tanzt und singt und eine Menschenmenge sammelt sich um sie. Und da ist ein Mann, der zu leben und nicht zu sterben wünscht, der sich Glück wünscht und Leid verabscheut. Wenn nun jemand zu ihm sagte: „Guter Mann, trag die Schale, randvoll mit Öl gefüllt, durch die Menge zum Mädchen. Ein Mann mit Schwert wird dir folgen und dir, wenn du nur einen Tropfen verschüttest, den Kopf abschlagen." Würde der Mann die Aufmerksamkeit vom Öl auf das Mädchen wenden? Dieses Gleichnis zeigt, wie ihr Euch schulen könnt, um die Aufmerksamkeit im Körper zu lenken.
>
> SAMYUTTA-NIKAYA

Die Kultivierung des Körpers

Die Praxis der Achtsamkeit beginnt mit der Kultivierung der Fähigkeit, seine Aufmerksamkeit – außer im Schlaf – auf den Körper richten zu können. Dazu müssen wir uns zunächst bewusst werden, dass wir hören, sehen, fühlen, berühren und schmecken, und ob diese Eindrücke angenehm, unangenehm oder neutral sind.

> Du solltest nicht zulassen, dass deine Sinne aus deinem Herz und Geist eine Spielwiese machen.
>
> TIBETISCHES SPRICHWORT

Achtsamkeit geht bis zur Wahrnehmung der verschiedenen emotionalen Geisteszuständen und gipfelt in dem Vermögen, Geistesvorgänge und -objekte (*dhammanupassana*) sowie die Natur von Geist und Herz zu erfassen, d. h. sich des Leids, der Vergänglichkeit und der Nicht-Existenz eines letzten Wesenskerns („drei Daseinsmerkmale", s. Seite 62) bewusst zu werden. Es bedeutet auch, die tägliche Präsenz der „drei Feuer" – Begehren, Zorn und Verblendung – wahrzunehmen und zu erkennen, dass ein Verstehen der Karma-Gesetze, der Vier Edlen Wahrheiten und des Edlen Achtfachen Pfades zur Freiheit führt. Schließlich bringt Achtsamkeit einen dazu, für sich selbst zu entdecken, was der Buddha entdeckt hat.

Die Menschen sind stolz darauf, alle fassbaren Objekte in Kategorien einzuteilen. So entstand ein „Tierreich", das in Stämme, Unterstämme und Klassen wie Wirbellose und Wirbeltiere, Amphibien, Reptilien, Säugetiere usw. unterteilt ist. Bei unserem Innenleben tun wir dies allerdings nicht und wissen meist gar nicht, was in uns vorgeht. Die Kultivierung der Achtsamkeit ist daher von großer Bedeutung und wurde in das Satipatthana-Sutta aufgenommen (s. Beispiel auf der nächsten Seite).

Lehrrede über die Achtsamkeit

Es gibt diesen einzigen Weg, ihr Mönche, zur Läuterung der Wesen, zur Überwindung von Kummer und Not, zum Verlöschen von Schmerz und Trübsal, für die Entwicklung des rechten Pfades und die Verwirklichung des Nirwana: Dieser Weg sind die vier Grundlagen der Achtsamkeit.

Welche vier? Da, ihr Mönche, weilt ein Mönch beim Körper in der Betrachtung des Körpers, eifrig, klaren Sinnes und achtsam, nach Überwindung weltlichen Begehrens und Bekümmerns, er weilt bei den Empfindungen in der Betrachtung der Empfindungen …, beim Geist in der Betrachtung des Geistes … Er weilt eifrig, klaren Sinnes und achtsam, nach Überwindung weltlichen Begehrens und Bekümmerns, bei den Geistesobjekten in Betrachtung der Geistesobjekte …

Weiter, ihr Mönche, weiß ein Mönch, wenn er geht: „Ich gehe“, wenn er steht: „Ich stehe“, wenn er sitzt: „Ich sitze“, wenn er liegt: „Ich liege“. Er weiß demgemäß, wenn sich sein Körper an dieser oder jener Stelle befindet.

So weilt er … – innerlich und äußerlich – beim … Körper in der Betrachtung des Körpers … Und er weilt unabhängig, an nichts in der Welt klammernd. So auch, weilt ein Mönch beim Körper in Betrachtung des Körpers.

AUS DEM SATIPATTHANA-SUTTA
(IM MAJJHIMA-NIKAYA)

Die Achtsamkeit der Atmung

Die Lehrrede des Buddha beschreibt im Folgenden detailliert, wie wir uns unseres Körpers bewusst werden können, und zwar über die Atmung. Dieser Vorgang heißt *anapanasati* – „Gewahrsein der Atmung" oder „Achtsamkeit der Atmung".

Die Übung ist dabei so einfach, dass sie häufig unterschätzt und daher nicht genug gepflegt wird:

> Wie aber, ihr Mönche, weilt ein Mönch beim Körper in der Betrachtung des Körpers? Da begibt sich ein Mönch ins Innere des Waldes oder unter einen großen Baum oder in eine leere Hütte, setzt sich mit verschränkten Beinen nieder, den Körper aufgerichtet, die Achtsamkeit vor sich haltend. Achtsam atmet er ein, achtsam atmet er aus. Lang einatmend, weiß er, dass er langsam einatmet, und lang ausatmend weiß er, dass er langsam ausatmet. Kurz einatmend weiß er, dass er kurz einatmet, und kurz ausatmend weiß er, dass er kurz ausatmet. Er übt sich und denkt: „Des ganzen Körpers bewusst werde ich einatmen." Er übt sich und denkt: „Des ganzen Körpers bewusst werde ich ausatmen." Er übt sich und denkt: „Den ganzen Körpervorgang beruhigend werde ich einatmen." Er übt sich und denkt: „Den ganzen Körpervorgang beruhigend werde ich ausatmen."
>
> … So weilt er innerlich oder äußerlich beim Körper in Betrachtung des Körpers.

… Die Dinge in ihrem Entstehen betrachtend, weilt er beim Körper, die Dinge in ihrem Vergehen betrachtend, weilt er beim Körper, die Dinge in ihrem Entstehen und Vergehen betrachtend, weilt er beim Körper. Achtsam und gegenwärtig, dass „da ein Körper ist", aber nur soweit es der Erkenntnis, soweit es der Achtsamkeit dient.

AUS DEM SATIPATTHANA-SUTTA
(IM MAJJHIMA-NIKAYA)

Die menschlichen Anhäufungen

Der Buddha lehrte, der Mensch sei ein seelenloses Geschöpf, das aus fünf Elementen oder *skandhas* (*kahndas*, P.) besteht: dem materiellen Körper (*rupa*), den Empfindungen (*vendana*), Wahrnehmungen (*samjna*), Geistesformationen (*samskara*) und dem Bewusstsein (*vijnana*). Mit dieser Vorstellung von der Person als Anhäufung von Elementen wird alle Wirklichkeit zum Prozess. In einer berühmten Rede über die Geistesobjekte als Grundlage der Meditation merkt der Buddha an:

Wie, nun, ihr Mönche, weilt der Mönch bei den Geistesobjekten in Betrachtung der Geistesobjekte, bei den fünf Anhäufungen des Anhaftens?

Da, ihr Mönche, denkt ein Mönch: „So ist die Körperlichkeit, so das Entstehen der Körperlichkeit, so das Vergehen der Körperlichkeit. Und so sind die Empfindungen, so das Entstehen der Empfindungen, so das Vergehen der Empfindungen. So ist die Wahrnehmung, so das Entstehen der Wahrnehmung, so das Vergehen der Wahrnehmung. So sind die Geistesformationen, so das Entstehen

der Geistesformationen, so das Vergehen der Geistesformationen. So ist das Bewusstsein, so das Entstehen des Bewusstseins, so das Vergehen des Bewusstseins."

AUS DEM MAHASUNNATA-SUTTA

(IM MAJJHIMA-NIKAYA)

Die geistige Aufmerksamkeit sowie die Begeisterung, mit der man seine Ziele verfolgt, nehmen enorm zu, sobald man sich in Achtsamkeit übt. Dies ist eng mit dem Streben nach Erleuchtung (*bodhicitta*) verknüpft. Noch auf dem Totenbett soll der Buddha die Umstehenden mit den folgenden Worten ermahnt haben: „Alles Geschaffene ist vergänglich. Strebt eifrig (oder achtsam) weiter." Fleiß gilt als Grundpfeiler des Fortschritts. Besondere Berühmtheit erlangte dies durch die folgenden Worte des indischen Mönchs Shantideva (8. Jh. u. Z.):

> So wie die Fußspuren aller Lebewesen von denen des Elefanten übertroffen werden und die des Elefanten als die größte Fußspur unter ihnen gilt, so haben alle wertvollen Eigenschaften den Eifer zur Grundlage, und Eifer gilt als die größte unter diesen Eigenschaften.

AUS DEM *BODHICARYAVATARA* VON SHANTIDEVA

Wahre übernatürliche Kräfte

Auch wenn Achtsamkeit viel Stärke verleiht, kann bei einer solch hochentwickelten Fähigkeit leicht das Wichtigste verfehlt werden, macht doch Einsicht allein erneut stolz und eingebildet. Eine berühmte Rede der Zen-Schule handelt von der Beherrschung der übernatürlichen Kräfte:

> Ihr sagt, der Buddha besitze … sechs übernatürliche wunderbare Kräfte. Doch alle … Dämonen haben übernatürliche Kräfte. Sind sie deswegen Buddhas? Lasst euch nicht täuschen, Anhänger des Weges …
>
> Ich sage euch: Alle diese … Kräfte sind karmisch bedingt und ungleich den … Kräften des Buddha. Diese sind: zu sehen, ohne von Farbe und Form getäuscht zu werden, zu hören, ohne vom Klang getäuscht zu werden, zu schmecken, ohne vom Geschmack getäuscht zu werden, zu berühren, ohne von der Berührung getäuscht zu werden, zu denken, ohne von den Gedanken getäuscht zu werden. Daher sind die sechs Bereiche – Form, Klang, Geruch, Geschmack, Berührung und Gedanke – formlos und können den wahrhaft unabhängigen Menschen nicht binden.
>
> Auch wenn die … Skandhas von Natur aus verunreinigt sind, werden diese bei richtiger Beherrschung zu euren übernatürlichen Kräften hier auf Erden.

AUS DEN *AUFZEICHNUNGEN DES RINZAI* VON LINJI YIXUAN

Der Ameisenhaufen

Das Vammika-Sutta gibt eine Rede wieder, die der Buddha in Savatthi hielt. Dem ehrwürdigen Kassapa waren von einem Deva fünfzehn Fragen gestellt worden. Diese trug er dann dem Buddha vor, der Kassapa die Bedeutung der Fragen erklärte und ihm bei deren Lösung half.
In der Rede werden die einzelnen Anhaftungen, die uns nach unten ziehen, symbolisch abgestreift. Dazu muss man sie aber erst erkennen. Achtsamkeit zieht jede falsche Persönlichkeit ab und zeigt, was darunter liegt. Gerade diesen Prozess beschreibt die Parabel vom Ameisenhaufen.

So habe ich es vernommen. Einst hielten sich der Erhabene im Jeta-Hain und der ehrwürdige Kassapa im Hain der Blinden Männer auf. Zu fortgeschrittener Nacht trat ein überirdisches Wesen von wunderschöner Erscheinung, das den ganzen Hain erhellte, an Kassapa heran und stellte sich an seine Seite. Das göttliche Wesen sprach zu ihm: „Bhikkhu, Bhikkhu, dieser Ameisenhaufen flammt am Tag und qualmt in der Nacht."

Ein Brahmane sprach: „Grabe mit dem Messer, o Weiser."

Beim Graben stieß der Weise auf eine Schranke: „Eine Schranke, ehrwürdiger Herr."

Der Brahmane sprach: „Wirf die Schranke weg und grabe mit dem Messer, o Weiser."

Beim Graben stieß der Weise auf eine Kröte: „Eine Kröte, ehrwürdiger Herr."

Der Brahmane sprach: „Wirf die Kröte weg und grabe mit dem Messer, o Weiser."

Beim Graben stieß der Weise auf eine Gabel: „Eine Gabel, ehrwürdiger Herr."

Der Brahmane sprach: „Wirf die Gabel weg und grabe mit dem Messer, o Weiser."

Beim Graben stieß der Weise auf ein Sieb: „Ein Sieb, ehrwürdiger Herr."

Der Brahmane sprach: „Wirf das Sieb weg und grabe mit dem Messer, o Weiser."

Beim Graben stieß der Weise auf eine Schildkröte: „Eine Schildkröte, ehrwürdiger Herr."

Der Brahmane sprach: „Wirf die Schildkröte weg und grabe mit dem Messer, o Weiser."

Beim Graben stieß der Weise auf eine Axt und einen Hackstock: „Eine Axt und ein Hackstock, ehrwürdiger Herr."

Der Brahmane sprach: „Wirf Axt und Hackstock weg und grabe mit dem Messer, o Weiser."

Beim Graben stieß der Weise auf ein Stück Fleisch: „Ein Stück Fleisch, ehrwürdiger Herr."

Der Brahmane sprach: „Wirf das Stück Fleisch weg und grabe mit dem Messer, o Weiser."

Beim Graben stieß der Weise auf eine Naga-Schlange: „Eine Naga-Schlange, ehrwürdiger Herr."

Der Brahmane sprach: „Lass die Naga-Schlange in Ruhe, tu ihr nichts zuleide, ehre sie."

„Bhikkhu, du solltest zum Erhabenen gehen und ihn zu diesem Rätsel befragen. So wie es dir der Erhabene erklärt, so solltest du es dir merken. Bhikkhu, außer dem Tathagata, einem seiner Schüler oder einem, der von ihm gelernt hat, sehe ich keinen in dieser Welt mit ihren Maras und Brahmas, in dieser Generation mit ihren Einsiedlern und Brahmanen, ihren Prinzen und dem Volk, dessen Deutung des Rätsels den Geist zufriedenstellen könnte."

So sprach das göttliche Wesen und verschwand daraufhin auf der Stelle. Als die Nacht vorüber war, ging der ehrwürdige Kassapa zum Erhabenen. Er begrüßte ihn ehrerbietig, setzte sich an seine Seite und erzählte dem Erhabenen, was vorgefallen war. Dann fragte er:

Ehrwürdiger Herr, was ist der Ameisenhaufen, was ist das Qualmen der Nacht, was das Flammen des Tages? Wer ist der Brahmane, wer der Weise? Was ist das Messer, das Graben, die Schranke, was ist die Kröte, die Gabel, das Sieb, was ist die Schildkröte, die Axt und der Hackstock, was ist das Stück Fleisch, was die Naga-Schlange?

Bhikkhu, der Ameisenhaufen ist ein Symbol für diesen Körper, der sich aus den vier großen Elementen zusammensetzt, von Mutter und Vater gezeugt wurde, mit gekochtem Reis und Brei aufgebaut wurde und der Vergänglichkeit, der Abnutzung, der Auflösung und dem Verfall unterworfen ist.

Das nächtliche Nachdenken über die Handlungen des Tages, das ist das „Qualmen der Nacht". Die Handlungen, die man – nach dem nächtlichen Nachdenken – am Tag mit Körper, Sprache und Geist begeht, sind die „Flammen des Tages".

Der Brahmane steht für den Tathagata, den Verwirklichten und vollkommenen Erleuchteten. Der Weise steht für einen Bhikkhu in höherer Schulung. Das Messer für edle Weisheit. Das Graben für das Aufbringen von Energie.

Die Schranke für Unwissenheit. „Wirf die Schranke weg: Überwinde Unwissenheit. Grabe mit dem Messer, o Weiser." Das ist die Bedeutung. Die Kröte steht für Verzweiflung aus Zorn. „Wirf die Kröte weg: Überwinde die Verzweiflung aus Zorn. Grabe mit dem Messer, o Weiser." Das ist die Bedeutung.

Die Gabel steht für den Zweifel. „Wirf die Gabel weg: Überwinde den Zweifel. Grabe mit dem Messer, o Weiser." Das ist die Bedeutung.

Das Sieb steht für die fünf Hindernisse: das Hindernis des sinnlichen Begehrens, des Übelwollens, der Trägheit und Mattheit, der Rastlosigkeit und Gewissensunruhe und das Hindernis des Zweifels. „Wirf das Sieb weg: Überwinde die fünf Hindernisse. Grabe mit dem Messer, o Weiser." Das ist die Bedeutung.

Die Schildkröte steht für die fünf Daseinsgruppen der Anhaftungen, nämlich die Daseinsgruppe der Form, die Daseinsgruppe des Gefühls, die Daseinsgruppe der Wahrnehmung, die Daseinsgruppe der Gestaltungen und die Daseinsgruppe des Bewusstseins. „Wirf die Schildkröte weg: Gib die fünf Daseinsgruppen der Anhaftungen auf. Grabe mit dem Messer, o Weiser." Das ist die Bedeutung.

Axt und Hackstock stehen für die fünf Stränge sinnlichen Vergnügens – Formen, die mit dem Auge erfahrbar sind, die erwünscht, begehrt, angenehm und liebenswert, mit sinnlichem Begehren verbunden sind und Lust hervorrufen; Klänge, die mit dem Ohr erfahrbar sind, ... Gerüche, die mit der Nase erfahrbar sind, ... Geschmäcker, die mit der Zunge erfahrbar sind, ... Berührungsobjekte, die mit dem Körper erfahrbar sind, die erwünscht, begehrt, angenehm und liebenswert, mit sinnlichem Begehren verbunden sind und Lust hervorrufen. „Wirf die Axt und den Hackstock weg: Gib die fünf Stränge sinnlichen Vergnügens auf. Grabe mit dem Messer, o Weiser." Das ist die Bedeutung.

Das Stück Fleisch ist ein Symbol für Entzücken und Lust. „Wirf das Stück Fleisch hinaus: Entzücken und Lust. Grabe mit dem Messer, o Weiser." Das ist die Bedeutung.

Die Naga-Schlange steht für einen Bhikkhu, der die Triebe vernichtet hat. „Lass die Naga-Schlange in Ruhe, tu ihr nichts zuleide, ehre sie." Das ist die Bedeutung.

„DIE PARABEL VOM AMEISENHAUFEN" AUS DEM VAMMIKA-SUTTA (IM MAJJHIMA-NIKAYA)

Meditation

Weder in Pali noch Sanskrit existiert ein Wort für „Meditation" oder ein Wort, das Übungen für die geistige Entwicklung beschreibt. Zu finden sind *bhavana* – Kultivierung oder Insdaseinrufen – und *citta*, die Kultivierung des Geistes. Citta ist die spirituelle und emotionale Mitte einer Person – ihr „Herz" im Sinne von Ganzherzigkeit oder mit vollem Herzen bei einer Sache zu sein. Diese Begriffe finden sich auch in anderen spirituellen Systemen wieder, wohl deswegen, da sie sich auf natürliche Seinszustände beziehen. Da diese natürlich sind, kann man sie so lange kultivieren, bis sie zu bleibenden Zuständen werden.

Jede Buddhismus-Schule erkennt diese Kultivierungsstufen an, die sich auch in den Kategorien des Edlen Achtfachen Pfad (s. Seite 106) wiederfinden. Die erste ist die Kultivierung der Sittlichkeit, die zweite die Entwicklung der gesammelten Versenkung, die dritte das Erlangen von Weisheit. Bhavana ist die Kultivierung des Herzens und Bewusstseins (oder Geistes) in Gelassenheit, Sammlung und Meditation, die zu höherer Weisheit und spiritueller Emanzipierung führen.

Einsicht und Sammlung

Die im Westen als „Meditation" bekannte Praxis hat zwei Aspekte: Einsicht (*vipasanna*) und Sammlung (*samadhi*). Durch das „ruhige Verweilen" (*samatha*), das heißt das Beruhigen überaktiver Gedankengänge, wird sich die Einsicht ganz natürlich einstellen und daraufhin in Gewahrsein verwandeln. Dieser Vorgang ist kein Mysterium: Wenn wir uns nach der „Hitze des Gefechts" beruhigt haben, sehen wir oft viel klarer. Diese „klare Sicht" ist Vipasanna.

Viele Menschen leben schon so lang in einem erregten Gemütszustand, dass dessen allmähliche Beruhigung Jahre

der Übung in Anspruch nehmen kann. Die höchste Einsicht ist natürlich die von der Substanzlosigkeit und Vergänglichkeit alles Seins. Auf dem Weg dorthin gibt es jedoch viele „weniger hohe" Einsichten, die ein Gefühl der Freiheit und Wärme um das Herz hervorrufen. Im Verlauf der Reise werden wir ruhiger, erlangen tiefere Einsicht und werden nach und nach gütiger und freundlicher.

Sammlung (*samadhi*) oder Versenkung bedeutet mit dem „eins zu werden", was man tut. Dies ist – wie bereits erwähnt – im Grunde nicht kompliziert und wir tun es – besonders dann, wenn wir etwas gerne machen –, meist ohnehin. Durch die spirituelle Praxis des Samadhi – häufig in einer mit den Beinen verschränkten, sitzenden Haltung – können wir aber auch in die unattraktivsten Aufgaben eintauchen. Es ist einer der besten Wege, um vorüberziehende Gedanken zu stoppen. Die Fabel aus dem Pali-Kanon „Der Affe" (gegenüberliegende Seite) zeigt, dass die Praxis in der Entwicklung des Gewahrseins liegt. Eine andere Fabel „Der Samadhi-Hirsch" (s. Seiten 166–167) schildert, welche Bedeutung die Übung „den Atem zählen" beim Sichvertrautmachen mit der Natur des Geistes hat: Während wir uns bemühen, still zu sitzen, werden die Gedankengänge immer aktiver. Die Menschen tendieren dazu, sich ihrer selbst bewusst zu werden statt das Selbst zu vergessen.

Der Affe

Bhikkhus, im Himalaja, dem König der Berge, gibt es schroffe Gebiete, in denen weder Affen noch Menschen anzutreffen sind. Es gibt andere, wunderschöne und leicht begehbare Gebiete, in denen man Affen und Menschen antrifft. Um die Affen zu fangen, legen Jäger in diesen Gebieten entlang der Affenspuren Pechfalle.

Affen, die von Natur aus weder dumm noch leichtsinnig sind, vermeiden die Falle, wenn sie sie sehen. Ein von Natur aus dummer oder leichtsinniger Affe aber nähert sich ihr, greift mit der Pfote danach und bleibt hängen. Er denkt: „Ich werde meine Pfote befreien", greift mit der freien Pfote danach und bleibt hängen. Er denkt: „Ich werde beide Pfoten befreien", gebraucht seinen Fuß und bleibt hängen. Er denkt: „Ich werde beide Pfoten und meinen Fuß befreien", gebraucht den anderen Fuß und bleibt hängen.
Er denkt: „Ich werde Pfoten und Füße befreien", gebraucht seinen Mund und bleibt hängen.

So, Bhikkhus, liegt der fünffach gefangene, wimmernde Affe da. Das Unglück ist über ihn hereingebrochen und der Jäger kann mit ihm machen, was er will. Er spießt ihn auf, bindet ihn an einen Baumstamm und geht davon. Dies geschieht, Bhikkhus, wenn man außerhalb des eigenen, in fremden Gebieten wandelt.

Wandelt, Bhikkhus, daher nicht außerhalb eures eigenen, in fremden Gebieten. Mara wird bei denen, die außerhalb der eigenen, in fremden Gebieten wandeln, die Gelegenheit erkennen und Fuß fassen.

Was liegt für einen Bhikkhu außerhalb seines angemessenen Bereichs? Die fünf Stränge sinnlichen Vergnügens: mit dem Auge erkennbare Formen, mit dem Ohr erkennbare Klänge, mit der Nase erkennbare Gerüche, mit der Zunge erkennbare Geschmäcker, mit dem Körper erkennbare Berührungen. Diese liegen für einen Bhikkhu außerhalb seines angemessenen Bereichs.

Wandelt, Bhikkhus, in eurem angemessenen Bereich, eurem Heimatgebiet. Bei einem, der in seinem angemessenen, seinem Heimatgebiet wandelt, wird Mara keine Öffnung finden, nicht Fuß fassen können.

Und was ist für einen Bhikkhu sein angemessener Bereich, sein Heimatgebiet? Die vier Arten der Achtsamkeit. Welche vier? Bhikkhus, da weilt ein Bhikkhu beim Körper in Betrachtung des Körpers, eifrig, klar verstehend, achtsam, nach Überwindung von weltlicher Begierde und Verdruss. Er weilt bei den Empfindungen in Betrachtung der Empfindungen … beim Geist in Betrachtung des Geistes … bei den Dingen in Betrachtung der Dinge, eifrig, klar verstehend, achtsam, nach Überwindung von weltlicher Begierde und Verdruss. Dies ist der angemessene Bereich eines Bhikkhu, sein Heimatgebiet.

AUS DEM MAKATTA-SUTTA (SAMYUTTA-NIKAYA)

Der Samadhi-Hirsch

Es war einmal ein einfacher Holzfäller, der im Wald lebte und jeden Tag Holz für den Königspalast sammelte. Als er eines Tages auf einer Lichtung Holz fällte, bemerkte er einen Hirsch, der nicht weit von ihm still dastand. Bezaubert legte er seine Axt ab, betrachtete den Hirsch und dachte: „Was für ein schönes Tier!“ Da sprach der Hirsch zu ihm: „Was für ein schönes Tier!“ Der verblüffte Holzfäller fragte sich: „Habe ich richtig gehört?“ Der Hirsch sah ihn an und sagte: „Habe ich richtig gehört?“ Vollkommen verblüfft fragte er sich: „Kann das sein, ein sprechender Hirsch?‘“ Darauf antwortete der Hirsch: „Ja, und nun denkst du: ‚Kann das sein, ein sprechender Hirsch?“ Der Holzfäller sah weg und dachte: „Er kann wahrscheinlich Lippen lesen“, und der Hirsch sagte: „Nun denkst du, ich könne wahrscheinlich Lippen lesen.“

Nun war der Holzfäller wirklich verblüfft und dachte: „Wenn ich diesen sprechenden, Gedanken lesenden Hirsch fangen kann, wird mich der König reich

belohnen." Zu seinem Entsetzen sagte der Hirsch: „Nun denkst du, wenn du diesen sprechenden, Gedanken lesenden Hirsch fangen kannst, wird dich der König reich belohnen." Darauf sprang der Holzfäller auf den Hirsch zu. Der Hirsch hatte dies jedoch vorausgesehen und war schon längst zurückgesprungen. So ging dies eine Zeitlang weiter: Was immer der Holzfäller dachte oder tat, der Hirsch wiederholte es oder kam ihm zuvor. Wütend und verzweifelt hackte er schließlich weiter Holz. Der Hirsch stand dabei und sagte: „Es hat keinen Zweck, weißt du, ich kann immer noch deine Gedanken lesen." So hackte er immer heftiger, von den Kommentaren des Hirschs begleitet. Wie er so weiterhackte, schien die Stimme nachzulassen und als er die Axt mit letzter Anstrengung und vollkommen ungeteilter Konzentration in den Hackstock trieb, löste sich plötzlich der Axtkopf, flog Richtung Hirsch und blieb mitten in dessen Kopf stecken. Der Gedanken lesende, sprechende Hirsch fiel bewusstlos zu Boden.

Bewusstseinszustände

Der Samadhi hat viele Stufen, die immer feiner und geläuterter werden, wenn sich das überaktive Bewusstsein mehr und mehr beruhigt. Der Buddha vergleicht dies mit Wasser, das immer klarer wird, wenn man es sich setzen lässt.

> *Lebt dann, o Herr, der Bruder sein heiliges Leben unter dem Erhabenen, um die Praxis der Kontemplation zu verwirklichen?*
>
> Nein, Mahali. Das ist nicht der Grund, warum der Bruder sein heiliges Leben unter meiner Führung lebt. Es gibt höhere und vortrefflichere Dinge, Mahali, um deren Verwirklichung willen der Bruder sein heiliges Leben unter meiner Führung lebt.
>
> AUS DEM BRAHMAJALA-SUTTA (DIGHA-NIKAYA)

Die erste Stufe, die Lösung von der Sinnlichkeit, wird von Vergnügen und Freude begleitet. Auf der zweiten Stufe klingen die Gedanken und das Denken ab und durch dieses Sichsammeln wird Samadhi von Vergnügen und Freude erfüllt. Die dritte Versenkungsstufe ist durch Gleichmut und Wachsamkeit gekennzeichnet. Die vierte Stufe zeichnet sich durch ein Fehlen von Vergnügen, Schmerz, Freude und Trauer sowie durch mehr Gleichmut, ein klareres Bewusstsein oder mehr Achtsamkeit (*smrti* S., *sati* P.) aus.

Die nächsten vier Bewusstseinsstufen stellen die vier Bereiche des unendlichen Raumes, unendlichen Bewusstseins und unendlichen Nichts bis zum Erreichen der Weder-Wahrnehmung-noch-Nichtwahrnehmung dar. Doch selbst diese Zustände sind vergänglich. Das Erlangen dieser Dhyanas (*jhanas*, P., oft für Meditation gebraucht) ist kein Endpunkt, sondern meint lediglich bescheiden zu werden. Das theravadische Brahmajala-Sutta (*brahma*: „vollkommene Weisheit" und *jala*: „allumfassendes Netz an Anschauungen"), das erste Sutta des Digha-Nikaya, zeigt klar, dass die Auffassung jeder der Zustände als ein Ende an sich ein Irrglaube ist.

> Der Mönch geht weit über das Gebiet der Nichtsheit hinaus, betritt das Gebiet der Weder-Wahrnehmung-noch-Nichtwahrnehmung und verweilt darin. Geht er auch über dieses hinaus, betritt er das Gebiet, wo Empfinden und Wahrnehmen endet. Er hat die Verknüpfungn mit der Welt überwunden und ist einer, der – wie bei der Beherrschung der vier Dhyanas und der bleibenden vier Gebiete – für das Böse unsichtbar geworden ist, da er Maras Gesichtsfeld verdunkelt hat.
>
> MAJJHIMA-NIKAYA

Auch wenn sich die Dhyanas auf die Bewusstseinsregionen erstrecken, können wir Erleuchtung nur dann erreichen, wenn wir die Welt mit der absoluten Klarheit des Buddha sehen, die Welt wahrnehmen, wie sie der Buddha wahrnahm, und „erwachen". Bis dahin verbessert die Meditation jedoch stark die Wahrnehmung der Wirklichkeit. Im Pali-Kanon heißt es dazu:

> Wenn sein Herz so gelassen, gereinigt, durchscheinend, geläutert, frei von Übel, geschmeidig, tatbereit, fest und unerschütterlich geworden ist, richtet er es auf die Erkenntnis früherer Geburten. Er ruft sich … eine Geburt … zwei oder drei … tausend oder hunderttausend Geburten, zahlreiche Weltvernichtungsperioden, zahlreiche

Weltvernichtungs- oder Weltschöpfungsperioden ins Gedächtnis.

AUS DEM SAMANNAPHALA-SUTTA (DIGHA-NIKAYA)

Weisheit

Zuletzt verliert der Praktizierende „den Kurs" und nähert sich wie ein Forschungsreisender dem Unbeschreibbaren, fühlt sich in dieser flüchtig fließenden Welt aber immer mehr zu Hause. Er hat alle Versuche aufgegeben, jemand zu werden, und ist damit zu dem geworden ist, was das letzte Mysterium des Menschseins ausmacht – zur Buddha-Natur –, drückt sie aus, feiert sie in allen Dingen und erkennt dabei das Ziel der Praxis.

Wer Glaube und Weisheit erreicht hat,
den leitet sein Geisteszustand mit gutem Gespann:
Das Gewissen ist seine Deichsel, der Geist sein Joch
und die Aufmerksamkeit der wachsame Wagenlenker.
Des Wagens Verkleidung ist die Tugend,
die Begeisterung die Achse, die Tatkraft die Räder und
die Ruhe der Jochgefährte des Gleichmuts.
Wunschlosigkeit seine Stoffe,
Wohlwollen und Gewaltlosigkeit seine Waffen,
zusammen mit der Loslösung des Geistes.
Mit der Ausdauer als Rüstung
rollt der Wagen zur Erlangung des Friedens.
Vom Selbst erbaut wird dieser durch sein
eigenes Selbst zum unvergleichlichen, höchsten
Wagenlenker:
Darauf sitzend verlassen die Weisen die Welt
und tragen den sicheren Sieg davon.

DIGHA-NIKAYA

Register

Weiterführende Literatur

Bechert, Heinz und Gombrich, Richard (Hgg.): *Die Welt des Buddhismus*. C. H. Beck: München, 1984.
Biddulph, Desmond: *1001 Pearls of Buddhist Wisdom*. Duncan Baird Publishers: London, 2006.
Carus, Paul: *Das Evangelium Buddhas nach alten Quellen erzählt*. The Open Court Publishing Co: Chicago, 1895.
Eckel, Malcolm David: *Religionen verstehen: Buddhismus*. Fleurus-Verlag: Köln, 2005.
Müller, F. Max: *Das Dhammapada ... aus der englischen Übersetzung von Prof. F. Max Müller ... metrisch ins Deutsche übertragen*. Max Altmann: Leipzig, 1906.
Oldenberg, Hermann: *Buddha: Sein Leben, seine Lehre, seine Gemeinde*. Verlag Wilhelm Hertz: Berlin, 1881.
Suzuki, D. T.: *The Essence of Buddhism*. The Buddhist Society: London, 1947.
Trainor, Kevin (Hg.): *Weltgeschichte: Buddhismus*. 2. Auflage, unveränd. Nachaufl. Taschen: Köln, 2009.

Über die Autoren

Dr. Desmond Biddulph ist Vizepräsident der 1924 in England gegründeten Buddhistischen Gesellschaft und Herausgeber ihrer Zeitschrift *The Middle Way*. Außerdem ist er der Autor von *1001 Pearls of Buddhist Wisdom* (DBP). Als Therapeut Jung'scher Prägung betreibt er eine Praxis in London und hat mehrere Artikel über Buddhismus und Psychologie verfasst.

Darcy Flynn beschäftigt sich seit langem mit dem Buddhismus und ist viel durch Indien und China gereist. Sie besitzt ein Theater- und Filmunternehmen in London und hat ein internationales Filmfestival geleitet.

Über den Fotografen

John Cleare ist ein international renommierter Fotograf, der sich auf Berg- und Landschaftsaufnahmen spezialisiert hat. Seine Fotografien illustrieren auch *Klassische Haiku* (Librero, 2015).

Deutsche Übersetzungen

Die deutschen Übersetzungen der Quellentexte sind angelehnt an folgende Ausgaben:

Geldner, Karl Friedrich: *Der Rig-Veda. Aus dem Sanskrit ins Deutsche übersetzt.* Harvard Oriental Series, 33–36, Bd.1–3: Cambridge/USA, 1951 ff. (gefunden unter: www.sanskritweb.net/rigveda/rigveda.pdf).
Nyanaponika/Nyanatiloka: *Anguttara-Nikaya*. Aurum Verlag: Freiburg ,1984 (gefunden unter: www.palikanon.com/angutt/a04_041-050.html).
Schiekel, Munish B.: *Dhammapada*. Die Weisheitslehren des Buddha. Aus dem Pali ins Deutsche neu übertragen und kommentiert. Theseus-Verlag: Stuttgart, 2008.
Das Udana (Im Khuddaka-Nikaya) nach: Schmidt, Kurt: *Buddhas Lehre*. Dritte völlig neu bearbeitete Auflage. Paul Christiani & Cie.: Kreuzlingen, 1947 (gefunden unter: www.palikanon.com/diverses/schm-1.htm).